**F/G/S GRAPHICA**
FELIPE TABORDA
GABRIEL MARTÍNEZ
SONIA DÍAZ

AF274120

GRAPHIC IBEROAMÉRICA GRÁFICA
MASTERS / MAESTROS

# HORACIO AÑÓN

**Experimenta** Libros

# INTRO / INTRODUCCIÓN

Born in 1940 in Montevideo, Horacio Añón is one of the most respected personalities in the field of design in that country. Having studied sculpture and design at the workshop of Fernández Tudurí, his celebrated posters and covers for books and magazines have been exhibited at various national and international shows, including the Brno Graphic Design Biennial (ex-Checoslovaquia) and the National Museum of Visual Arts, as well as being influential in raising the profile of the profession in Ibero-America. Among other things, Añón has been in charge of the assembly of *Andares del Humor*, an exhibition organised to commemorate forty years of graphic humour in Uruguay, with the participation of sixty national artists with more than eight hundred works. In 2017 the catalogue and the exhibition *Añón—A Designer in His Time*, an extensive research work on his work, curated by Rodolfo Fuentes, was launched.

Special thanks to Rodolfo Fuentes for acting as a bridge between us and the *maestro*, and for his invaluable help in providing all the graphic material that has made this project possible.

Nacido en 1940 en Montevideo, Horacio Añón es una de las personalidades más respetadas en el campo del diseño en ese país. Con estudios de escultura y diseño en el taller de Fernández Tudurí, sus célebres carteles y cubiertas para libros y revistas se han expuesto en diversas muestras nacionales e internacionales, incluyendo la Bienal de Diseño Gráfico de Brno (ex-Checoslovaquia) y el Museo Nacional de Artes Visuales, además de influir en la mejora del perfil de la profesión en iberoamérica. Entre otras cosas, Añón se ha encargado del montaje de *Andares del Humor*, una exposición organizada para conmemorar los cuarenta años del humorismo gráfico en Uruguay, donde participaran sesenta artistas nacionales con más de ochocientas obras. En 2017 se ha lanzado el catálogo y la muestra *Añón – Un Diseñador en Su Tiempo*, un extenso trabajo de investigación de su obra, con curaduría de Rodolfo Fuentes.

Un agradecimiento especial a Rodolfo Fuentes por hacer de puente con el maestro y por su gran ayuda aportando todo el material gráfico que ha hecho posible este proyecto.

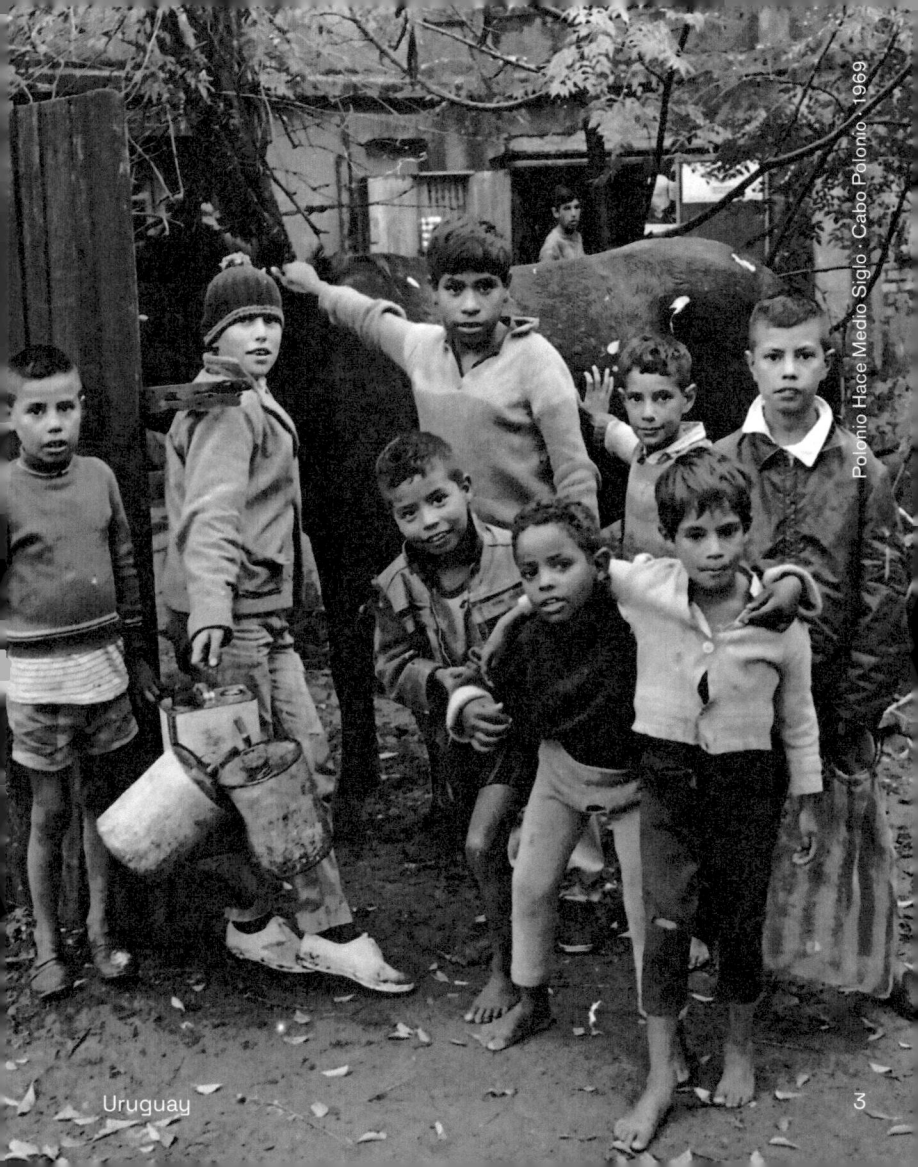

## APPROACH / ENFOQUE

Añón exercises his magisterium from the facts and his teaching is in what he has produced and above all in what he has produced for us, his disciples: to find ourselves with his graphic metaphors where each element is rigorously pertinent and appropriate to the scale and distance of manipulation and visualisation [...] This speaks of something fundamental in graphic design: the balance in the tension of the elements brought into play, the respectful dialogue between the communicational levels of each one of them and at the same time simplicity.

Añón ejerce su magisterio desde los hechos y su cátedra está en lo que ha producido y sobre todo en lo que nos produjo a nosotros, sus discípulos: encontrarnos con sus metáforas gráficas donde cada elemento es rigurosamente pertinente y adecuado a la escala y distancia de manipulación y visualización [...] Eso habla de algo fundamental en el diseño gráfico: el equilibrio en la tensión de los elementos puestos en juego, el diálogo respetuoso entre los niveles comunicacionales de cada uno de ellos y al mismo tiempo la simpleza.

**Rodolfo Fuentes**
Diseñador gráfico, fotógrafo, curador, editor y docente

Dibujo · Hombres y oficios · Ediciones de la Banda Oriental · 1973

# AMAZING / INCREÍBLE

I started working professionally in graphic design, which means I was paid, in mid-1966. At that time it was not very credible that it was a way of life. When people asked me what I did for a living and I tried to explain what I did, I was generally told: "Oh, that's nice, and what do you do for a living?

Comencé a trabajar profesionalmente en diseño gráfico, es decir que cobraba, a mediados de 1966. En ese momento no resultaba muy creíble que eso fuera una forma de vida. Cuando me preguntaban a qué me dedicaba y trataba de explicar lo que hacía, en general me decían: «Ah, qué bien ¿y de qué vivís?»

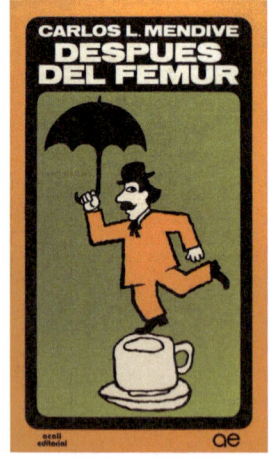

Portada · Editorial Acali · 1978

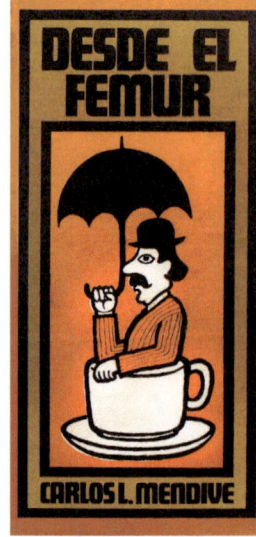

Portada · Editorial Acali · 1977

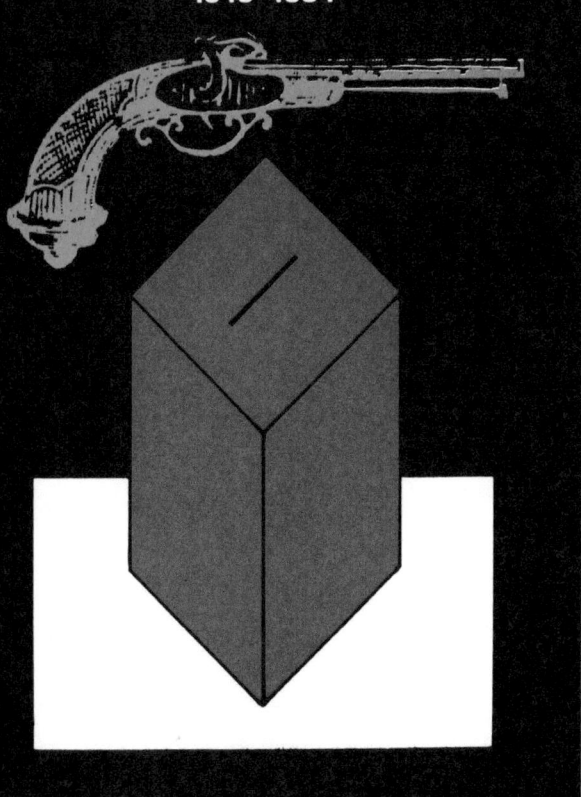

JOSE de TORRES WILSON

# BREVISIMA HISTORIA DEL URUGUAY

**1516 - 1984**

Portada · Editorial de la Planta · 1984

## COMMUNICATE / COMUNICARSE

I was trying to find a profession where it was more natural to communicate with people, to integrate more with the world we lived in. I was also trying to find a profession where I could avoid this schizophrenic thing where one part of the day you were an employee of whatever and another part of the day you were an artist. I wanted to make a living from what I was interested in doing. On the other hand, graphic design solved the problem of spreading the word about what I was doing, that was taken care of by a lot of people who didn't necessarily care about what I was doing, what they were interested in was making money.

Intentaba encontrar una profesión en la que resultara más natural comunicarse con la gente, que se integrara más con el mundo en que vivíamos. Estaba intentando también encontrar una profesión en que pudiera eludir esa cosa un poco esquizofrénica en que una parte del día eras un empleado de lo que fuera y otra parte del día eras artista. Quería vivir de lo que me interesaba hacer. Por otra parte, el diseño gráfico solucionaba difundir lo que hacía, de eso se ocupaba mucha gente a quienes no necesariamente les importaba lo que yo hacía, lo que les interesaba era ganar dinero.

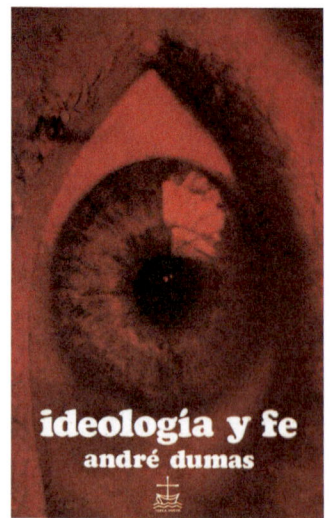

Portada · Editorial Tierra Nueva · 1970

**ideología y fe**
andré dumas

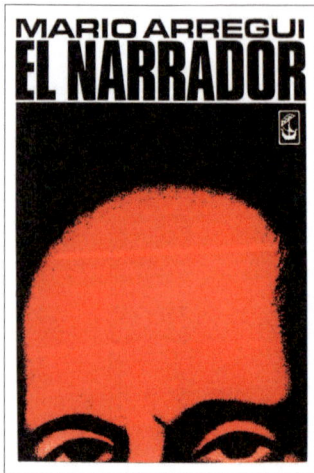

Portada · Biblioteca de Marcha · 1972

**MARIO ARREGUI
EL NARRADOR**

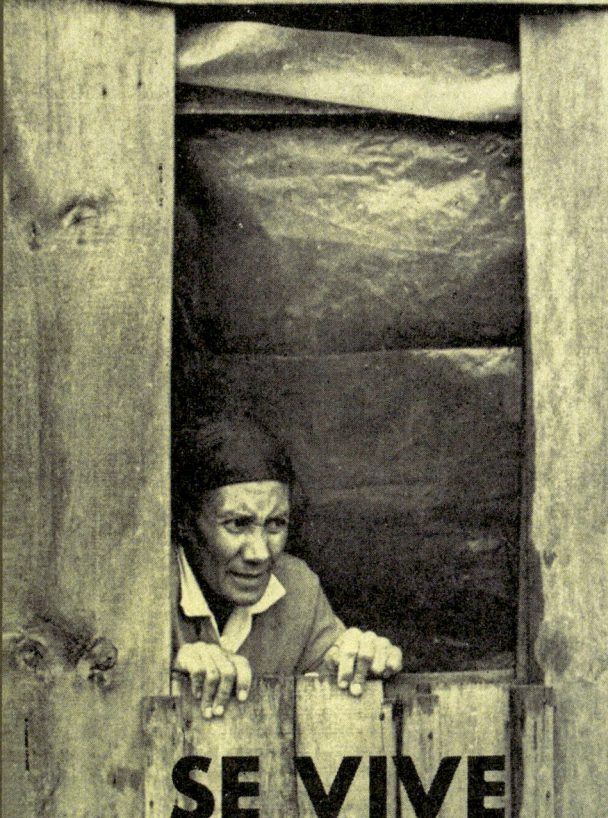

**SE VIVE**
**COMO SE PUEDE**

Portada · Editorial Tierra Nueva · Foto: Horacio Añón · 1970

## 'DRAFTSMEN' / «DIBUJANTES»

**At that time there was nowhere to study graphic design, but a group of friends thought that with the training I had, I could do it. At that time there was a small group of high quality graphic designers who weren't even called that: they were 'the draftsmen'. It was hard to compete with them, but it was the time of the publishing boom of the 1960s that expanded job opportunities. It was on that wave that I started my own business.**

Por entonces no había dónde estudiar diseño gráfico, pero un grupo de amigos creyó que con la formación que yo tenía podía desempeñar esa profesión. En ese momento había un grupo pequeño de diseñadores gráficos de gran calidad a los que ni siquiera se los llamaba así: eran «los dibujantes». Era difícil competir con ellos, pero fue la época del *boom* editorial de la década del 60 que amplió las oportunidades de trabajo. Montado en esa ola fue que comencé mi actividad.

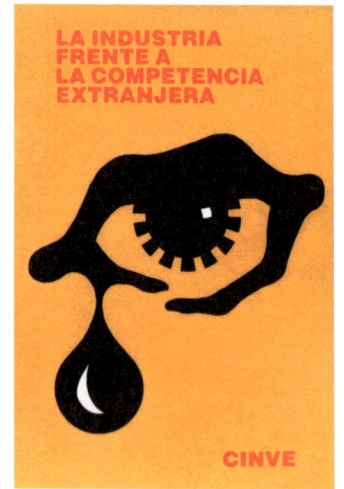

Portada · CINVE · 1987

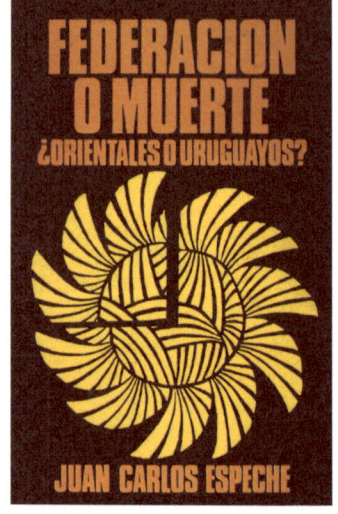

Portada · Edición de autor · 1974

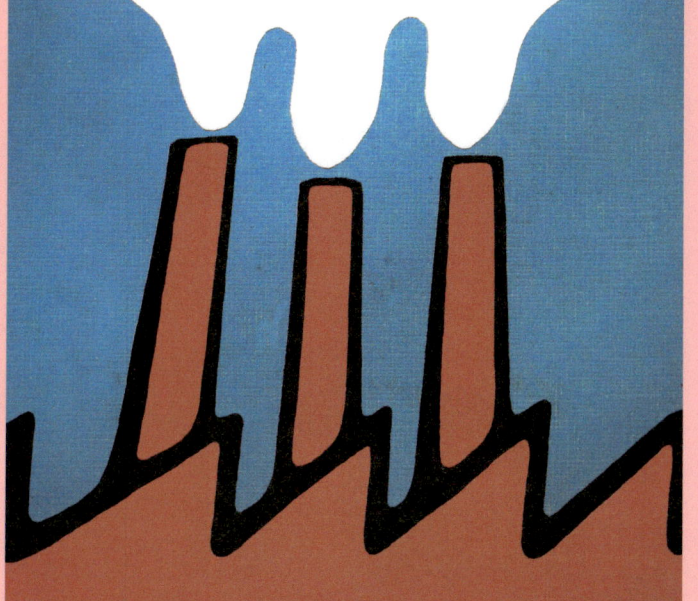

# a.u.p.p.e.

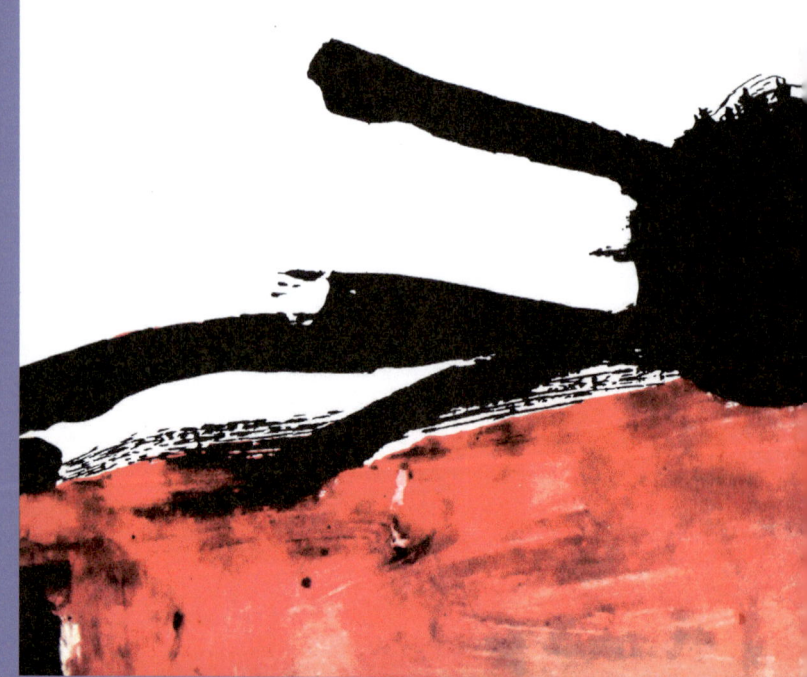

# psicología de la expresión

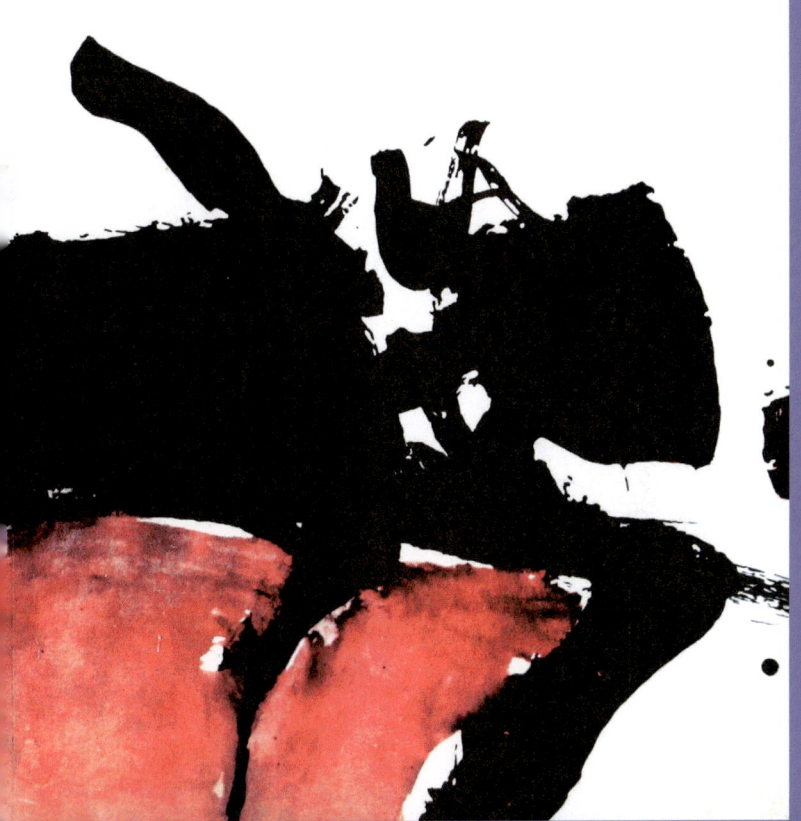

Portada de publicación · Editorial AUPPE · 1971

# CREDIBLE / CREÍBLE

From the beginning I tried to provide a good service in which I was responsible for all stages up to the finished job. I was paid well, what I asked for and that was the best, most credible praise. At that time critics considered graphic design as something minor. It should be noted that photography was not admitted to the National Salon of Fine Arts until 1967. But the greatest enemy of the profession was the economic crises that ravaged the country from time to time, and the 1973 coup d'état, which led to the closure of many jobs.

Desde el comienzo intenté brindar un buen servicio en el cual me hacía responsable por todas las etapas hasta el trabajo terminado. Me pagaron bien, lo que yo pedía y ese era el mejor elogio, el más creíble. En ese momento los críticos consideraban el diseño gráfico algo menor. Hay que tener en cuenta que la fotografía no fue admitida en el Salón Nacional de Bellas Artes hasta 1967. Pero el mayor enemigo de la profesión fueron las crisis económicas que de tanto en tanto asolaron el país y el golpe de Estado de 1973, a partir del cual se cerraron muchas fuentes de trabajo.

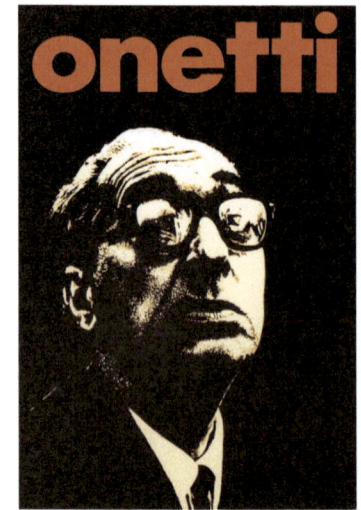

Portada · Biblioteca de Marcha · 1973

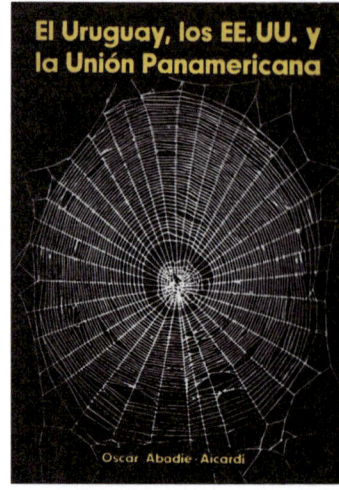

Portada · Editorial Impresora Cordón · 1967

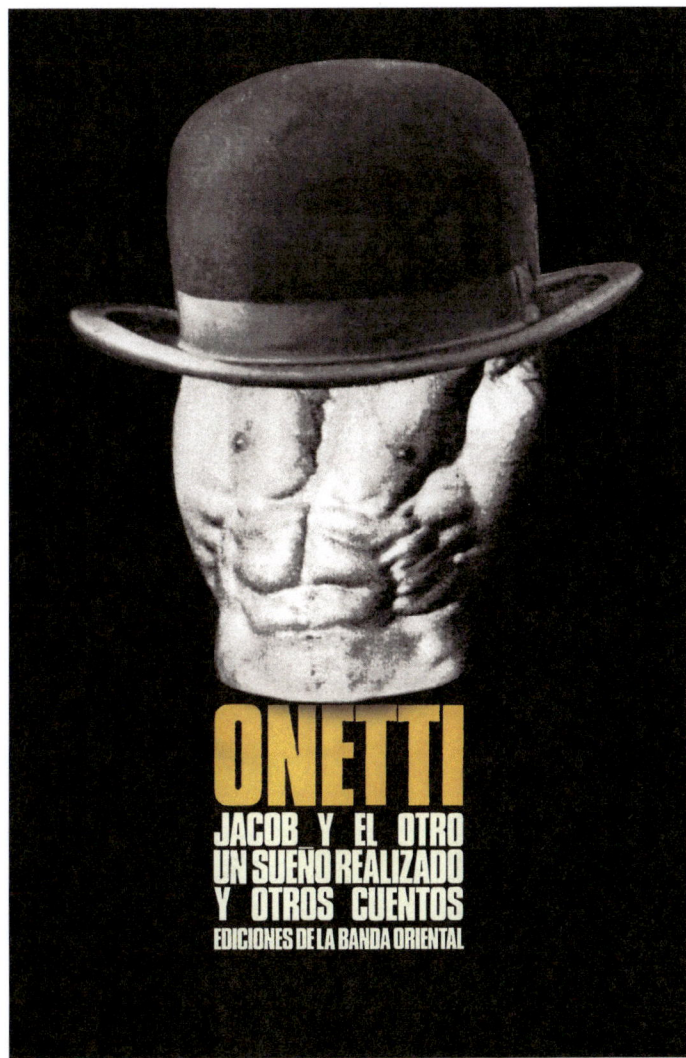

Portada · Ediciones de la Banda Oriental · 1971

# CULTURE / CULTURA

Uruguay was considered a cultured country, but in the 1950s there were practically no publishing houses. What there were were bookshops that offered foreign authors, from foreign publishers. Some bookshops advertised that they had books in French, English, German and Italian. This educated country was devoted to watching films. Newspapers were read, with print runs of half a million copies a day consumed by a country of about two and a half million inhabitants. Of course, people also went to the football. At a certain point we thought there was nothing before, except a kind of black hole.

Uruguay se consideraba un país culto, sin embargo, en los años cincuenta prácticamente no había editoriales. Lo que si había eran librerías que ofrecían autores extranjeros, de editoriales extranjeras. En algunas librerías se anunciaba que tenían libros en francés, inglés, alemán e italiano. Este país culto se dedicaba a ver cine. Se leían diarios, con tirajes de medio millón de ejemplares por día que consumía un país de aproximadamente dos millones y medio de habitantes. Por supuesto también se iba al fútbol. En determinado momento creímos que antes no había nada, salvo una especie de agujero negro.

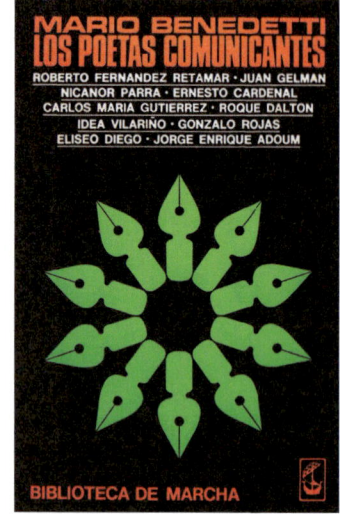

Portada · Biblioteca de Marcha · 1972

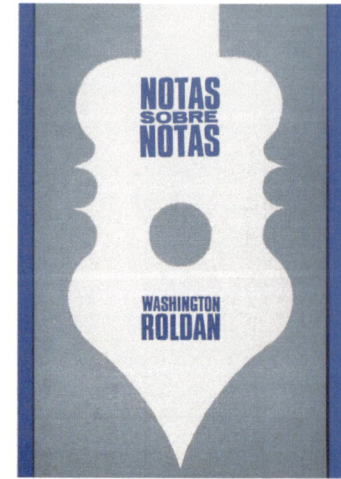

Portada · Centro Cultural de Música · 1992

# DICCIONARIO DE LITERATURA URUGUAYA

## L·Z

ARCA
CREDISOL
PUBLICACIONES

Portada · Arca Credisol Publicaciones · 1987

# GEOMETRY / GEOMETRÍA

**His mastery of geometry is also reflected in the not very numerous but well-remembered logos he has made over the years. Many of them look as fresh and current as when they were developed.**

Su dominio de la geometría también se ve reflejado en los no muy numerosos pero recordados logotipos que ha realizado a lo largo de los años. Muchos de ellos se ven tan frescos y actuales como cuando fueron desarrollados. *RF

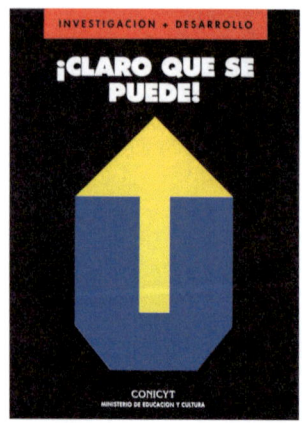

Portada · Conicyt-MEC · 1997

(1) Puentes y Construcciones · 1998 (2) Segundas Jornadas de Historia Económica · 1999 (3) Colección Iglesia y Sociedad · 1972 (4) COPSA · 1972 (5) Ediciones de Montevideo · s.f. (6) Biblioteca Científica · 1971 (7) ANDARES · 1989 (8) Caja Notarial · 1987 (9) CALNU · 1985

1

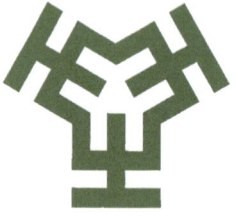

2

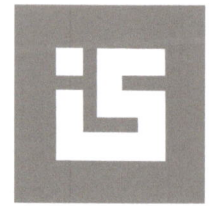

3

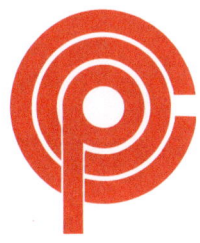

4

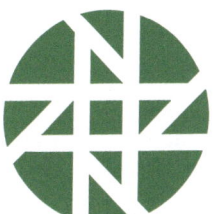

7

5

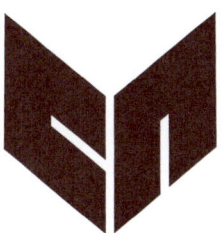

8

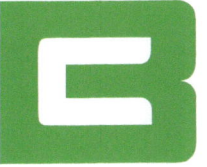

6

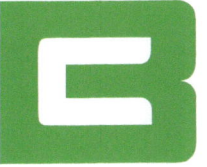

9

# HUMILITY / HUMILDAD

I am not very kind to my works.
I have a certain affection for
some of them because I
associate them with some
special circumstance. In my
case, the whole process of
creation consists of successive
corrections that at some point
I decide I have to finish. In my
house, which actually consists
of several workshops with a
bedroom, bathroom and kitchen,
I don't have any of my own
graphic work hung up. And
I only have a poster by the Pole
Lenica, which I don't know if it's
a tribute or a call to humility.

Yo no soy muy amable con mis
trabajos. A algunos les tengo
cierto afecto porque los asocio
con alguna circunstancia
especial. En mi caso todo el
proceso de creación consiste
en sucesivas correcciones que
en algún momento resuelvo
que hay que dar por terminado.
En mi casa, que en realidad son
varios talleres con dormitorio,
baño y cocina, no tengo colgada
ninguna obra gráfica mía. Y
ajena, solamente un afiche del
polaco Lenica, que no se bien
si es un homenaje o un llamado
a la humildad.

(1) Ediciones de la Planta · 1986  (2) eco granjas · 1994  (3) GMI · 1992  (4) Revista SPORT Ilustrado · 1976  (5) Gráfica 33 · 1981  (6) Revista NEXO · 1983  (7) Círculo de Manos · s.f.  (8) CUT Corporación · 1976

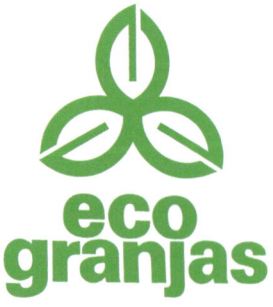

**EDICIONES
DE LA PLANTA**

1

**eco
granjas**

2

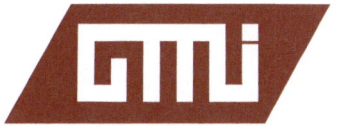

3

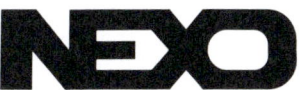

6

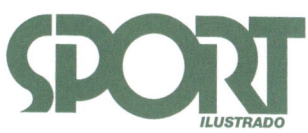

4

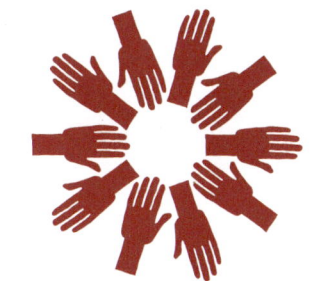

7

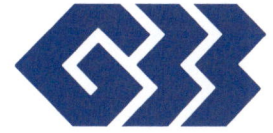

5

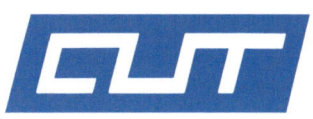

8

## MORE PERSONAL / MÁS PERSONAL

The computer is just that: a useful tool for design, but it is not design. It is a formidable working tool that opens up many possibilities, but I think it should not be an omnipresent and omnipotent instrument. The point is to use it and not for it to use us. It should rather be a docile slave. Any graphics, from a drawing to a stain, can be done in a freer, richer, more efficient and more personal way outside the computer and then put it into the computer and complete the work. That's because that's the way it's currently entered into the printing system until another way comes along because nothing lasts forever.

La computadora es eso: una herramienta útil para el diseño, pero no es el diseño. Es un formidable instrumento de trabajo que abre muchas posibilidades, pero creo que no debe ser un omnipresente y omnipotente instrumento. El asunto es usarlo y no que nos use a nosotros. Debe ser más bien un dócil esclavo. Cualquier grafismo, desde un dibujo hasta una mancha, se puede hacer de forma más libre, más rica, más eficiente y más personal fuera de la computadora y luego ingresarla a ella y completar el trabajo. Eso es así porque es la forma en que actualmente se ingresa al sistema de impresión hasta que aparezca otra forma porque nada es eterno.

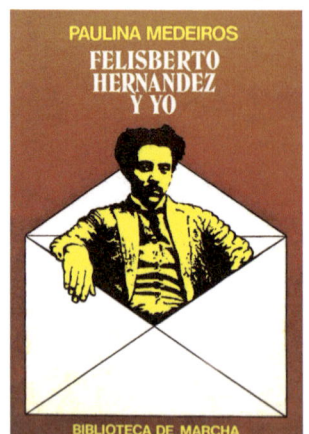

Portada · Biblioteca de Marcha · 1974

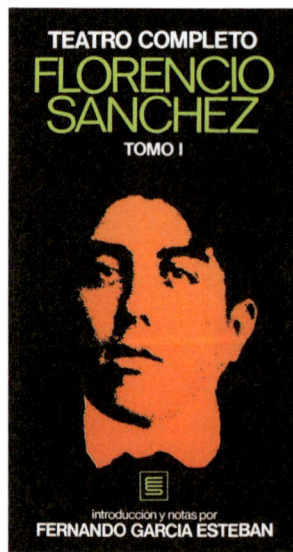

Portada · Editorial Salamandra · 1975

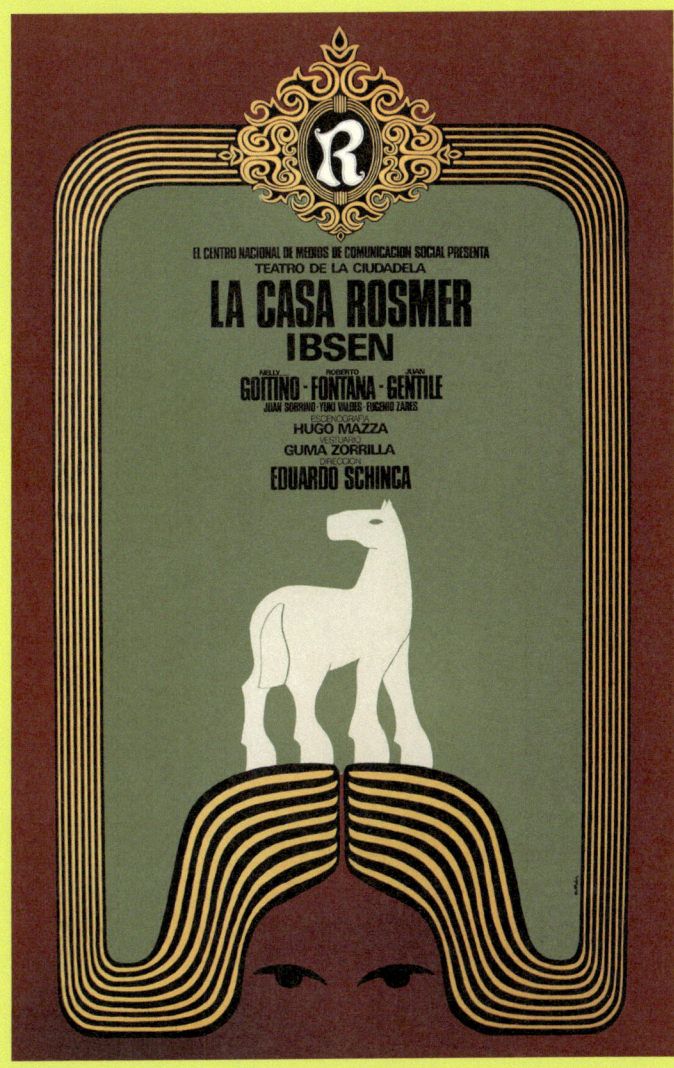

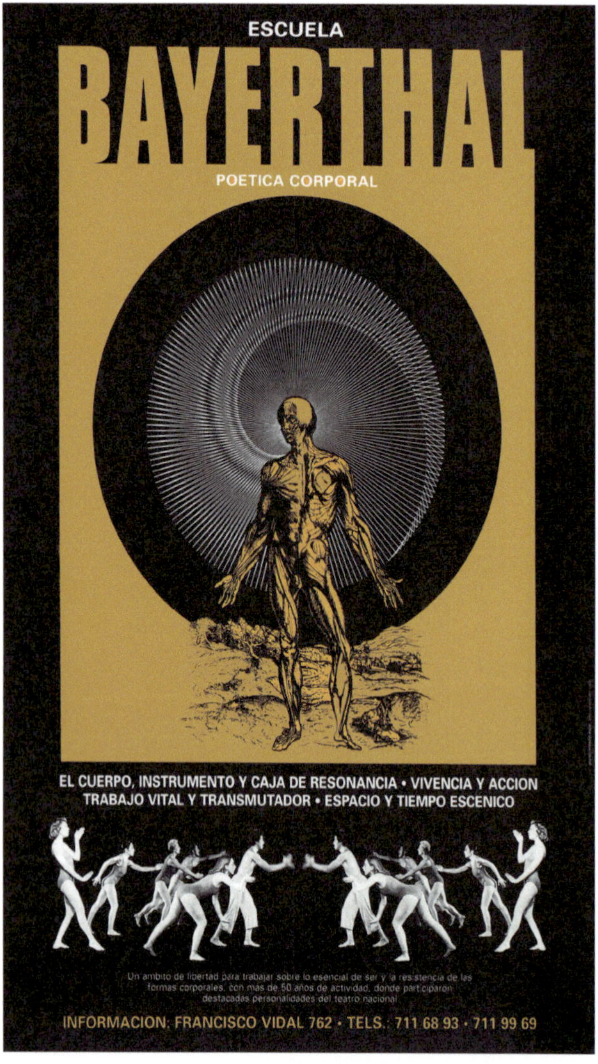

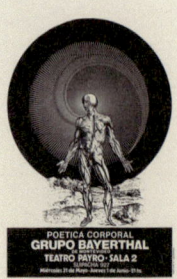

Afiche · 1976

Afiche Escuela Bayerthal · 1997

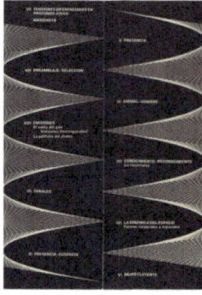

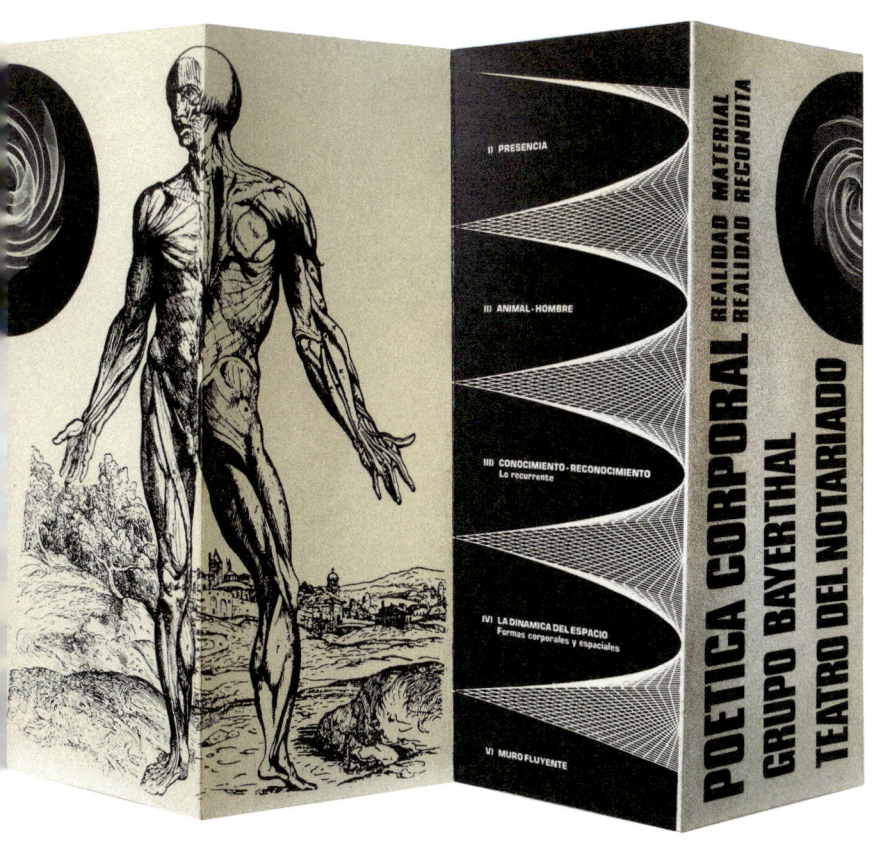

II) PRESENCIA

III) ANIMAL - HOMBRE

IIII) CONOCIMIENTO - RECONOCIMIENTO
Lo recurrente

IV) LA DINAMICA DEL ESPACIO
Formas corporales y espaciales

VI) MURO FLUYENTE

POETICA CORPORAL REALIDAD MATERIAL REALIDAD RECONDITA

GRUPO BAYERTHAL

TEATRO DEL NOTARIADO

Programa de mano · Grupo Bayerthal · 1976

## CHANGES / CAMBIOS

I was a precocious reader of Ortega
y Gasset who marked me with the
saying that man is his ego and his
circumstances. In other words, if
something changes, everything
changes. I would be different and
my work is supposed to be different
too. I'm not even sure if I would have
become a designer. A lot of my work
would have been better in the light
of the extraordinary difference that
occurred at this time in terms of
the quality of paper and printers,
which is not much talked about.
It would seem that only computers
changed graphics.

Fui un precoz lector de Ortega y
Gasset, que me marcó con aquello
de que el hombre es su yo y sus
circunstancias. Es decir, si algo
cambia, cambia todo. Yo sería
diferente y mi trabajo se supone
que también. No tengo claro ni
siquiera si me hubiera dedicado
a ser diseñador. Muchos de mis
trabajos hubieran sido mejores a la
luz de la extraordinaria diferencia
que se produjo en este tiempo
en lo relacionado a la calidad de
los papeles y las impresoras, una
cuestión de la que no se habla
mucho. Parecería que solamente
las computadoras cambiaron
a la gráfica.

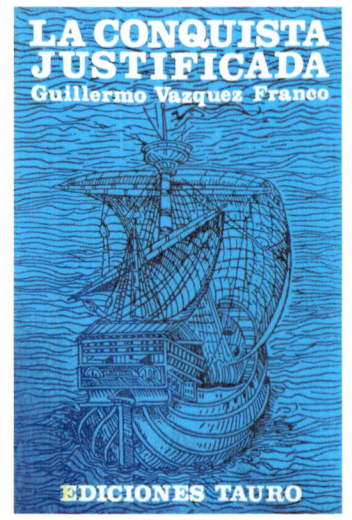

Portada · Ediciones Tauro · 1968

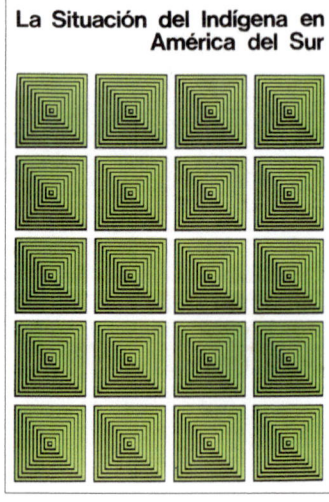

Portada · Editorial Tierra Nueva, Biblioteca Científica · 1972

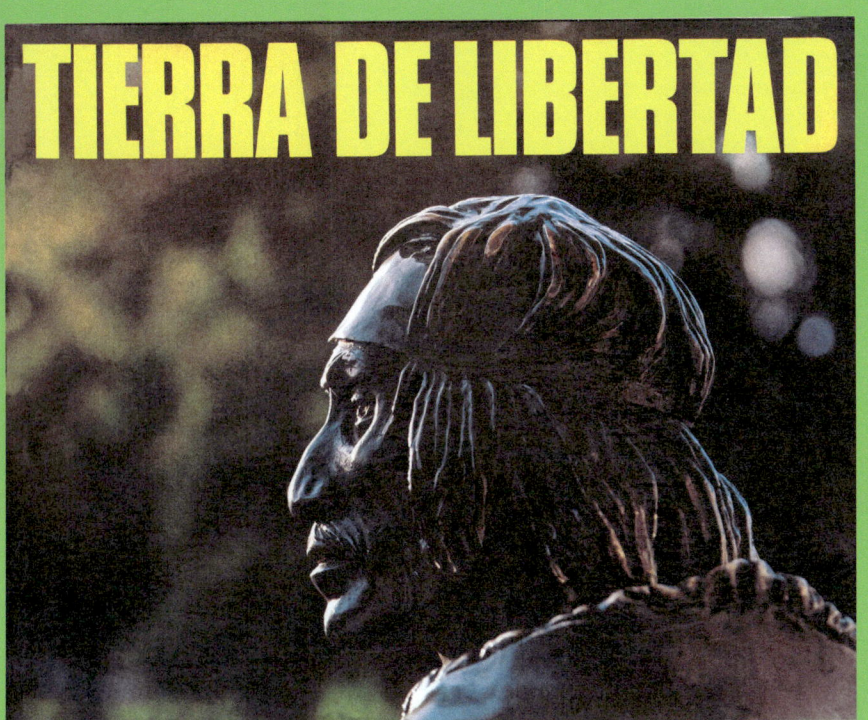

TIERRA DE LIBERTAD

# SELF-TAUGHT / AUTODIDACTA

In a country where there was no way to study organically, one necessarily became self-taught. That is to say that instead of having an organised course in front of you, you dedicated yourself to learning as best you could, not from one place but from several. In my country we didn't have anything either, I'm the son of *Novum*, of the magazine *Polonia*, which wasn't about graphics but contained Polish graphics and everything that was going on nearby, but above all of *Graphis Annual* when it was edited by the great, enormous Walter Herdeg.

En un país en que no había forma de estudiar orgánicamente, uno necesariamente se transformaba en autodidacta. Es decir, que en vez de tener por delante un curso organizado, uno se dedicaba a aprender como pudiera no de un solo lugar, sino de varios. En mi país tampoco teníamos nada, yo soy hijo de la *Novum*, de la revista *Polonia*, que no era de gráfica pero contenía gráfica polaca y de todo lo que pasaba cerca pero sobre todo de la *Graphis Annual* cuando la editaba el gran, enorme, Walter Herdeg.

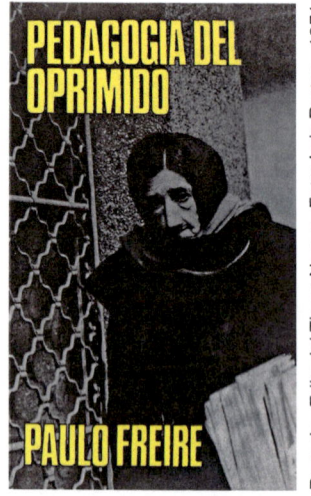

Portada · Editorial Tierra Nueva · Foto: Luis Portas · 1971

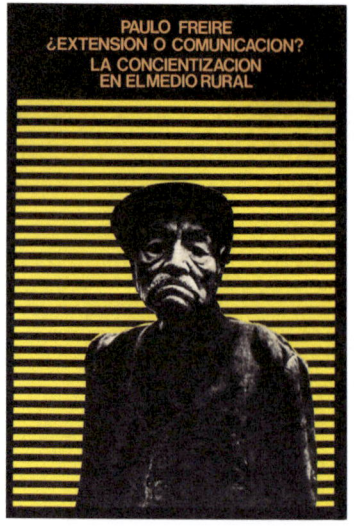

Portada · Editorial Tierra Nueva · 1972

PAULO FREIRE
PEDAGOGIA DEL OPRIMIDO

# LONGING / AÑORANZA

From a very young age, I heard my elders say that all the past was better. I always believed it was better because they associated it with their youth and felt far from death. At that time, I swore that when I was old I wouldn't do the same. Now I'm old, and at times I feel like a perjurer. It comforts me to believe I can distinguish eras; not all the past was better. Some were, others weren't. For example, I don't miss the fifties, but I do miss the sixties.

Desde muy joven escuché decir a mis mayores que todo el tiempo pasado fue mejor. Siempre creí que era mejor porque lo asociaban con su juventud y se sentían lejos de la muerte. En ese momento juré que cuando fuera viejo no haría lo mismo. Ahora soy viejo y por momentos me siento un perjuro. Me consuela creer que puedo distinguir épocas, no todo el tiempo pasado fue mejor. Alguno si y otros no. Por ejemplo, no añoro los años cincuenta pero si los sesenta.

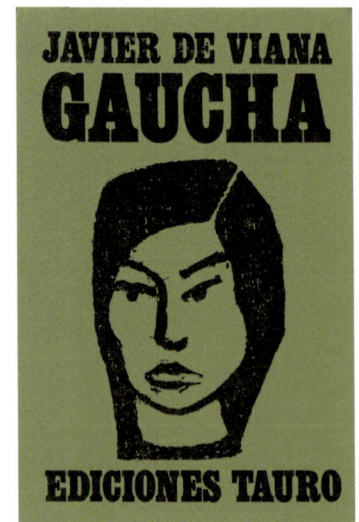

Portada · Ediciones Tauro · 1967

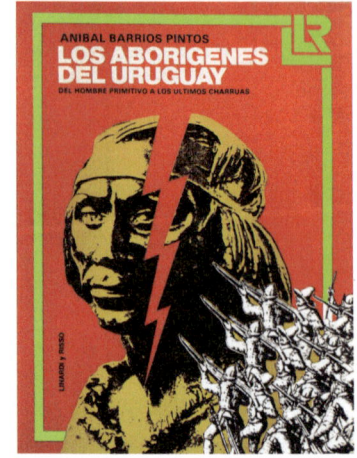

Portada · Editorial Linardi y Risso · 1991

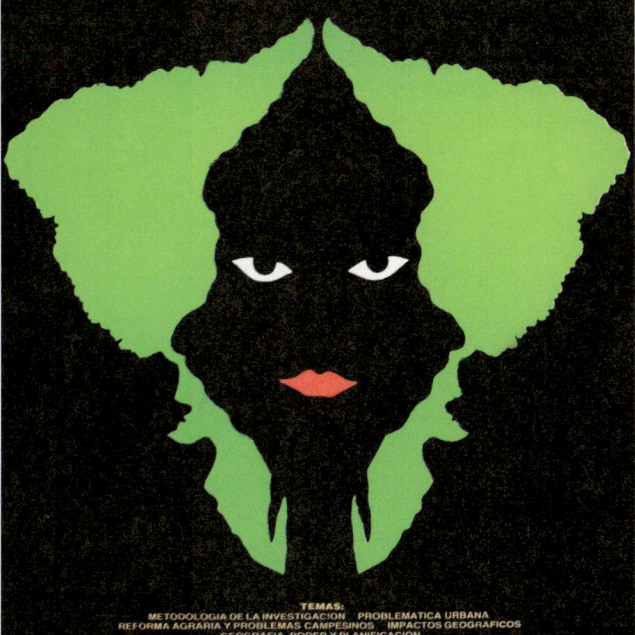

**II ENCUENTRO DE**
# GEOGRAFOS
**DE AMERICA LATINA**

**TEMAS:**
METODOLOGIA DE LA INVESTIGACION · PROBLEMATICA URBANA
REFORMA AGRARIA Y PROBLEMAS CAMPESINOS · IMPACTOS GEOGRAFICOS
GEOGRAFIA, PODER Y PLANIFICACION

**ORGANIZA:**
DEPARTAMENTO DE GEOGRAFIA DE LA FACULTAD DE HUMANIDADES Y CIENCIAS DE LA
UNIVERSIDAD DE LA REPUBLICA

**AUSPICIAN:**
INTENDENCIA MUNICIPAL DE MONTEVIDEO · MINISTERIO DE EDUCACION Y CULTURA
UNESCO (OFICINA REGIONAL)

DIRECCION POSTAL: 18 DE JULIO 1268 ESC. 601, MONTEVIDEO, URUGUAY · TELEX: UDELAR UY 26692
**27 · 31 DE MARZO DE 1989 · PALACIO MUNICIPAL DE MONTEVIDEO · URUGUAY**

# TRIVIALITY / TRIVIALIDAD

**Anything abundant is somehow trivialized. In my country, it's very common for families who don't know what to do with their children, who in turn don't know what to do with their parents, to buy a computer with appropriate software and take one of the many courses offered by public and private institutions, at the end of which they graduate with a graphic design degree they can hang on their wall. Everyone wants to design anything, of course.**

Todo lo que abunda, de alguna manera se trivializa. En mi país es muy común que las familias que no saben qué hacer con sus hijos, que a su vez no saben qué hacer con sus padres, compren una computadora con un programa adecuado y hagan uno de los múltiples cursos que dan instituciones públicas y privadas al final del cual salen con un título de diseñador gráfico que pueden colgar en la pared. Todos quieren diseñar lo que sea, claro.

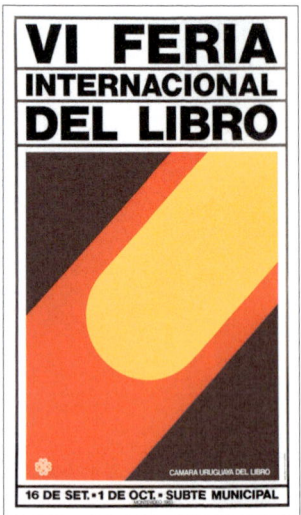

Afiche · 1983

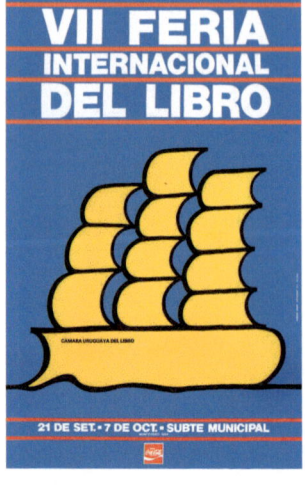

Afiche · 1984

Maestro : Horacio Añón

**26 DE MAYO**
**DIA DEL LIBRO**

10% DE
BONIFICACION
ESPECIAL

CAMARA
URUGUAYA
DEL LIBRO

# CURIOSITY / CURIOSIDAD

I console myself with the thought that not all of us used to be restless, a minority of us were. Perhaps now there is also a minority that I can't find myself with. There are three things I miss to tears from the old days: intelligence, curiosity and irony. Every now and then I meet someone who strikes me with one of these attributes and it doesn't necessarily have to be a colleague, it could be a historian, a writer or a painter. I feel that life is worth living.

Me consuelo pensando que antes tampoco todos éramos inquietos, una minoría lo éramos. Tal vez ahora también hay una minoría con la que no logro encontrarme. Hay tres cosas que extraño hasta las lágrimas de los viejos tiempos: la inteligencia, la curiosidad y la ironía. De tanto en tanto encuentro alguien que me impacta con alguno de esos atributos y que no necesariamente tiene que ser un colega, puede ser un historiador, un escritor o un pintor. Siento que la vida vale la pena seguir viviéndola.

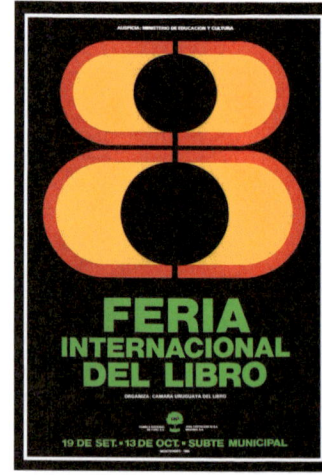

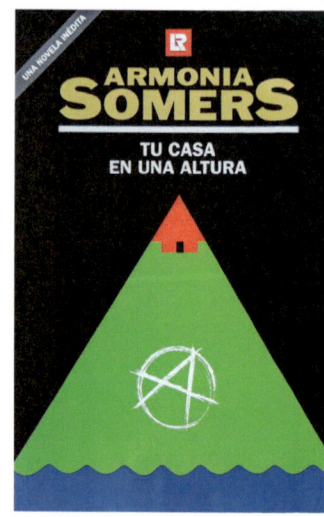

Afiche · 1985

Ed. Linardi y Risso · 2023

Novela inédita de una de las escritoras más importantes de Uruguay ·

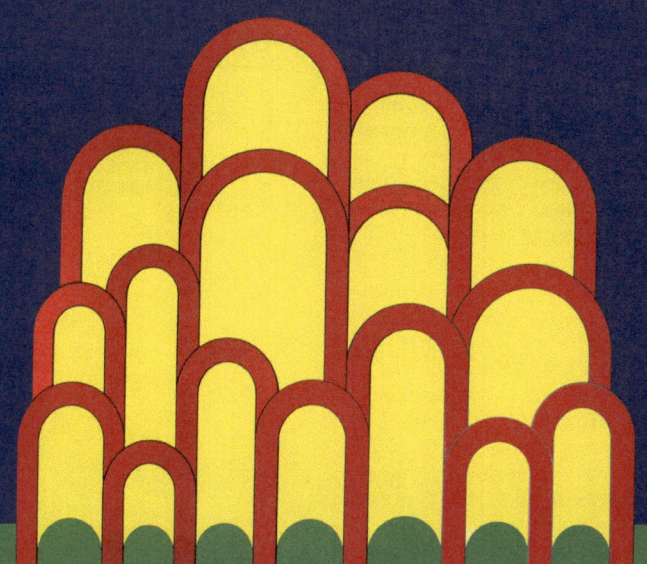

# SIZE / TAMAÑO

With the complete conviction that no one will listen to me, and so as not to leave the space blank, I say that no one should think that the world begins and ends at the computer screen. That's not even where graphic design begins and ends. Let them buy a big table where they can do whatever they can think of, sketch whatever they can think of, thinking that the size of a job is essential. As the master Matisse said a long time ago, a square centimetre of a colour is a totally different colour to a square metre of the same colour. A small paperback book cover is not the same as a large poster.

Con la completa convicción de que nadie me va a hacer caso, y para no dejar el espacio en blanco, digo que nadie piense que el mundo empieza y termina en la pantalla de la computadora. Ni siquiera allí empieza y termina el diseño gráfico. Que se compren una mesa grande donde puedan hacer lo que se les ocurra, bocetar lo que se les ocurra, pensando que el tamaño de un trabajo es esencial. Ya lo había dicho hace mucho tiempo el maestro Matisse, un centímetro cuadrado de un color es un color totalmente distinto a un metro cuadrado de ese mismo color. No es lo mismo una pequeña tapa de un «bolsilibro» que un gran afiche.

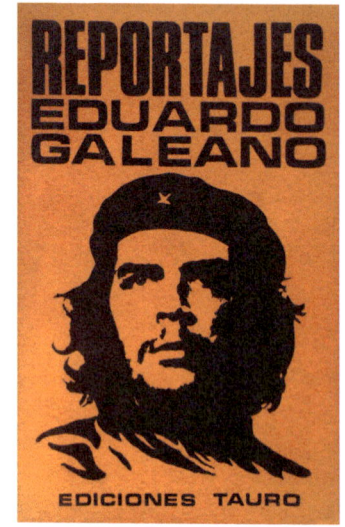

Portada · Editorial Tauro · 1967

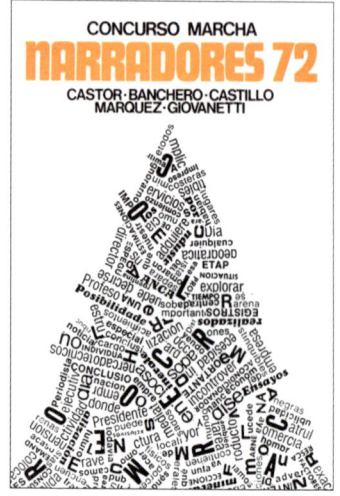

Portada · Biblioteca de Marcha · 1972

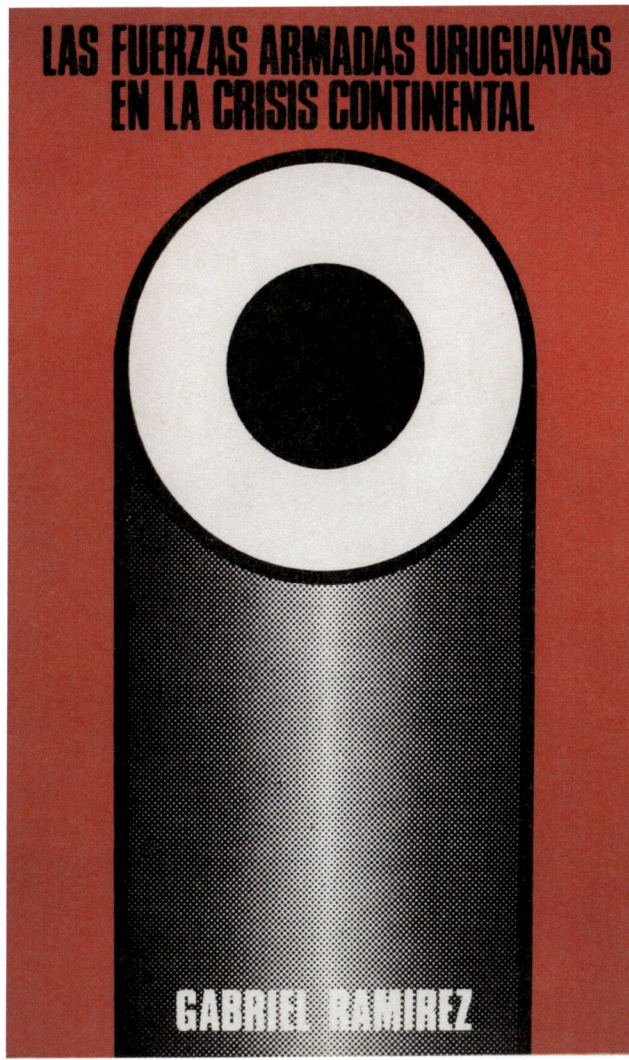

LAS FUERZAS ARMADAS URUGUAYAS
EN LA CRISIS CONTINENTAL

GABRIEL RAMIREZ

Portada · Editorial Tierra Nueva · 1971

# FREE / LIBRES

**Think about the fact that any of our works will end up on an opaque material, no matter how satin it is. What is important is to look for its own light, that is to say, the light that falls on that surface. Not the deceptive light that dazzles us from the screen. Let them use their hands to layout publications and let them feel the flow of the pages, of the images, let them look for the tempo of the publication, how an image tinges the one on the next page and also the previous one. Let them be free, critical and curious people!**

Que piensen en lo que va a terminar cualquiera de nuestros trabajos va a ser en un material opaco, por más satinado que sea. Lo que importa es buscarle su luz propia, es decir la que incide sobre esa superficie. No la engañosa luz que nos encandila de la pantalla. Que usen las manos para maquetear publicaciones y que sientan el fluir de las hojas, de imágenes, que busquen el tempo de la publicación, de cómo una imagen tiñe a la de la página siguiente y también a la anterior. ¡Que sean personas libres, críticas y curiosas!

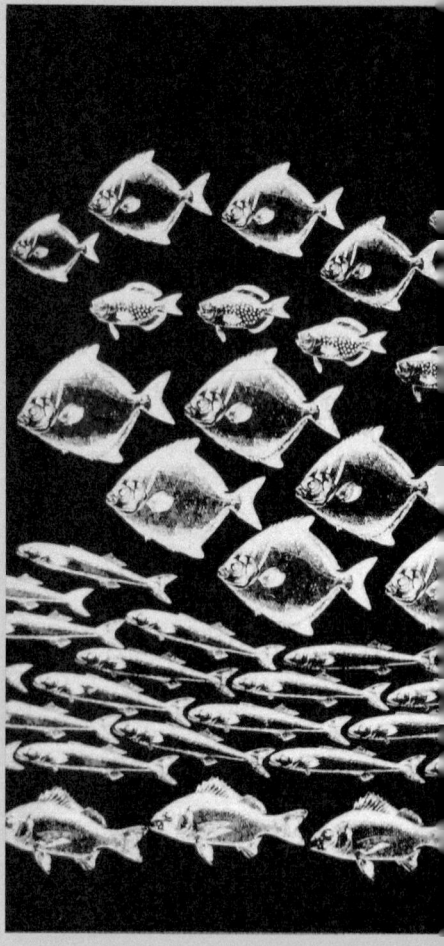

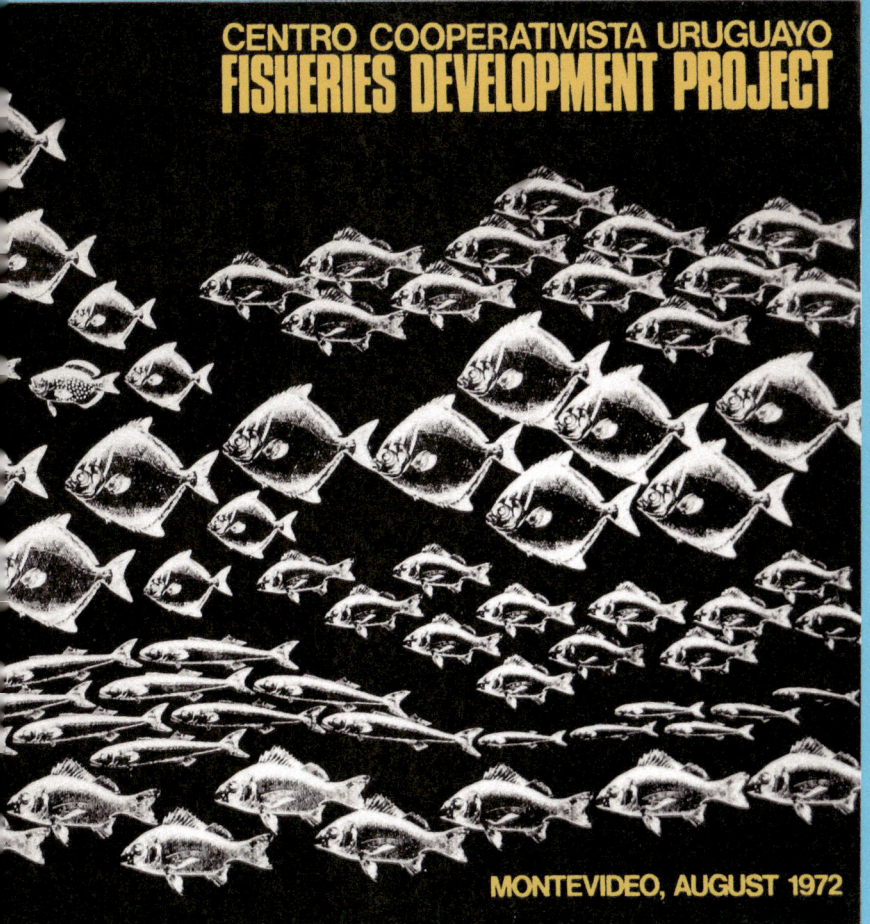

CENTRO COOPERATIVISTA URUGUAYO
FISHERIES DEVELOPMENT PROJECT

MONTEVIDEO, AUGUST 1972

Portada · Centro Cooperativista Uruguayo · 1972

## POCKET-SIZED / BOLSILIBRO

**At that time, the cover was
not very important. It was the
paperback book that made the
cover important, because books
started to be sold in places other
than bookshops. That, although
t was much earlier, the English
had invented it in '35, that is
to say, in the post-war period
and the consumer society.
They transformed the book
into a product and this product
needed packaging, that was
the phenomenon.**

En aquel momento, la carátula
no tenía demasiada importancia.
Es el «bolsilibro» que hace que la
carátula sea importante, porque
los libros empiezan a venderse en
lugares que no son la librería. Eso,
por más que era bastante anterior,
los ingleses lo habían inventado
en el año ´35, es decir, en la
posguerra y la sociedad de
consumo. Hicieron que el libro
se transformara en un producto
y este producto precisaba un
envase, ese fue el fenómeno.

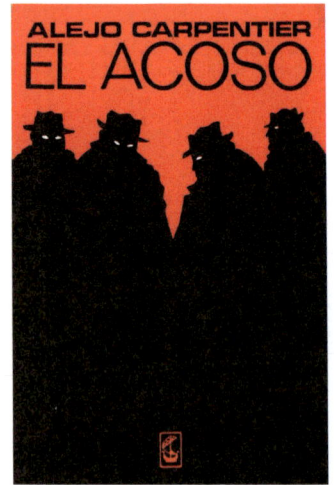

Portada · Biblioteca de Marcha · 1972

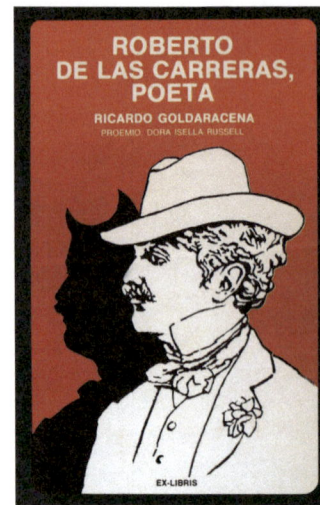

Portada · Editorial Ex-Libris · 1979

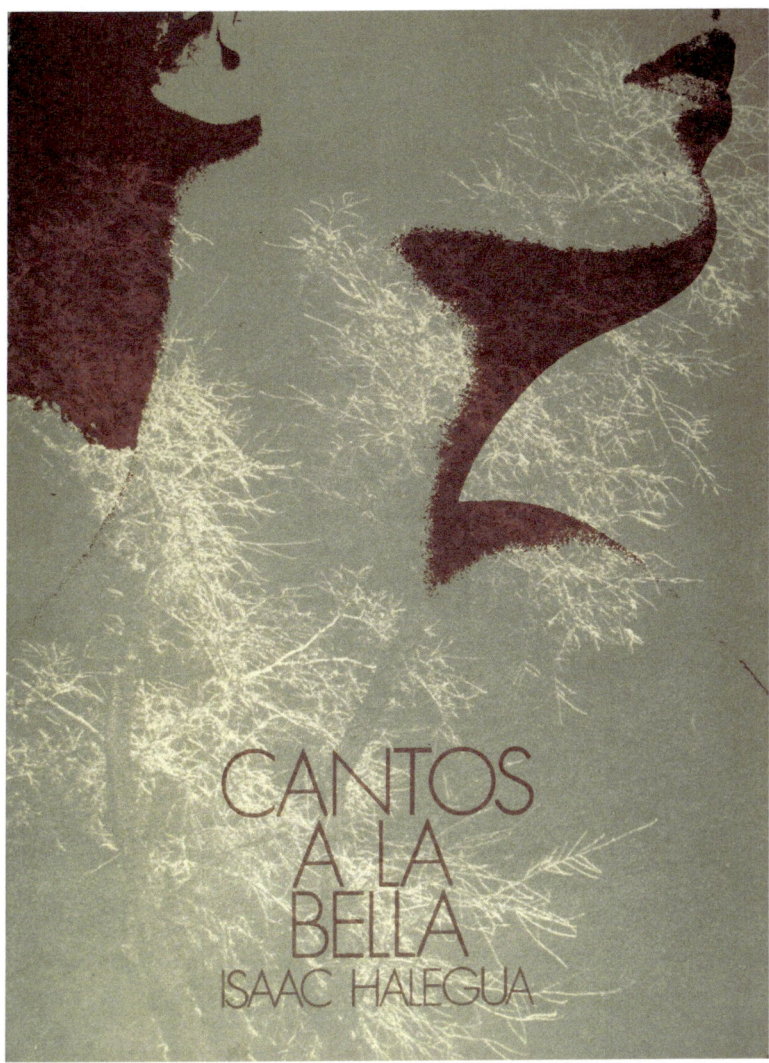

CANTOS
A LA
BELLA
ISAAC HALEGUA

Portada · Edición de autor · 1973

# OUR LAND / NUESTRA TIERRA

**Horacio Di Marsilio [...] said that he had a project and that I was essential to take it forward. He explained to me that he was thinking of putting together a collection of fascicles that was going to be called *Nuestra Tierra*, with 50 volumes. At the time, it was insane. He had to print more than 50,000 copies because, at the time, it wasn't worth moving the machines for less. [...] Nuestra Tierra came out with 17,000 copies per week, a beastly thing to do. The 50 issues came out, then the collection *Los Departmentos*, then *Montevideo* and then the coup d'état.**

Horacio Di Marsilio [...] dijo que tenía un proyecto y que yo era esencial para sacarlo adelante. Me explicó que estaba pensando en armar una colección de fascículos que se iba a llamar *Nuestra Tierra*, con 50 volúmenes. En ese momento era algo demencial. Tenía que tirar más de 50.000 ejemplares porque, en aquel momento, no valía la pena mover las máquinas por menos. [...] *Nuestra Tierra* salió tirando 17.000 ejemplares por semana, una bestialidad. Salieron los 50 números, después la colección *Los Departamentos*, después *Montevideo* y después el golpe de Estado. \*\*FB

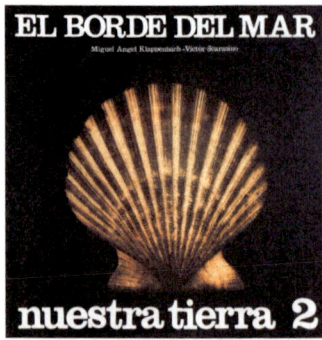

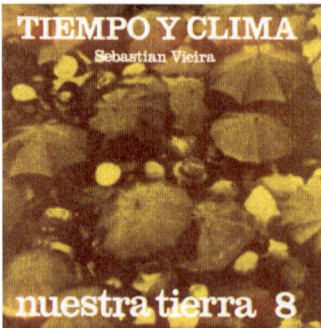

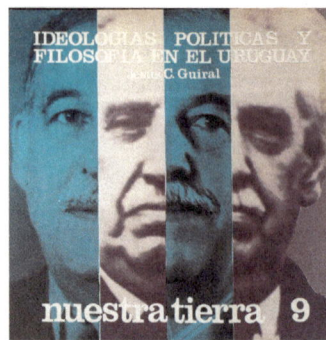

Portadas · Nuestra Tierra · 48 fascículos · 1969-1970

# EL URUGUAY INDIGENA

## Renzo Pi Hugarte

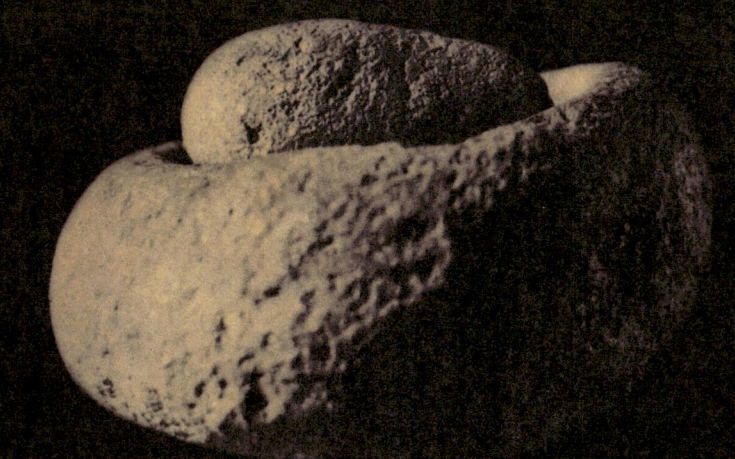

# nuestra tierra 1

## MONITORING / SUPERVISAR

After declining the usual position of 'art director' to invent the more discreet one of 'graphic secretary', in symmetry with that of 'editorial secretary' who was in charge of processing the texts, Añón designed, assembled—in many cases he photographed and illustrated—and supervised the printing of the thousands of copies—the first issue printed 17,500 copies—of the 48 square-format issues. 500 copies - of the 48 square-format issues that since 1969 and to this day are still treasured, bought at the Tristán Narvaja fair and consulted by many Uruguayans.

Tras haber declinado el habitual cargo de «director de arte» para inventarse el más discreto de «secretario gráfico», en simetría con el de «secretario de redacción» que era quien se encargaba de procesar los textos, Añón diseñó, armó —en muchos casos fotografió e ilustró— y supervisó a pie de máquina el tiraje de los miles de ejemplares —el primer número tiró 17.500 ejemplares— de los 48 números de formato cuadrado que desde 1969 y hasta hoy día siguen siendo atesorados, comprados en la feria de Tristán Narvaja y consultados por muchos uruguayos. *RF

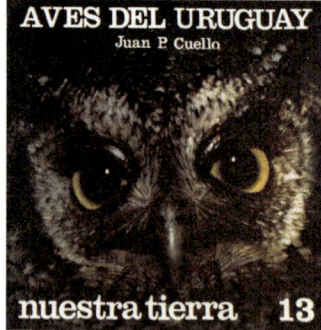

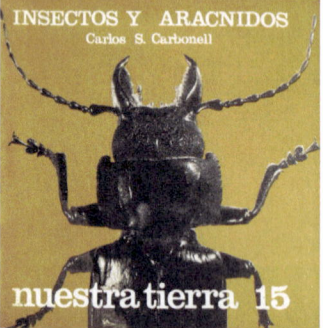

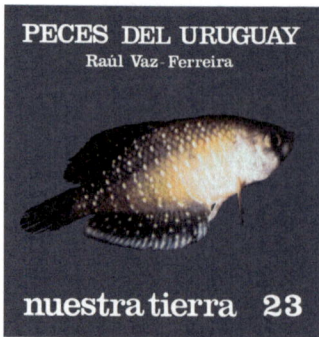

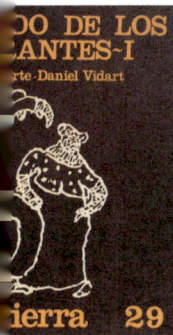

## ...DO DE LOS
## ...ANTES-I
...rte · Daniel Vidart

...ierra **29**

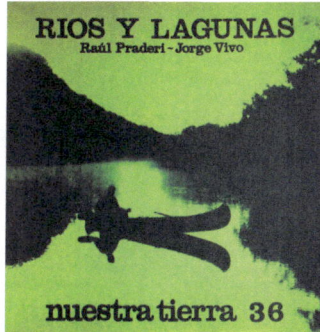

## RIOS Y LAGUNAS
Raúl Praderi - Jorge Vivo

**nuestra tierra 36**

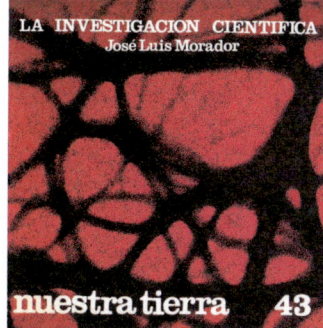

## LA INVESTIGACION CIENTIFICA
José Luis Morador

**nuestra tierra 43**

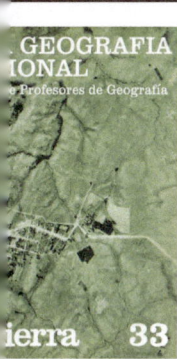

## ...GEOGRAFIA
## ...IONAL
...a Profesores de Geografía

...ierra **33**

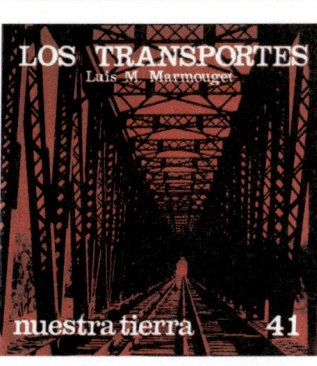

## LOS TRANSPORTES
Luis M. Marmouget

**nuestra tierra 41**

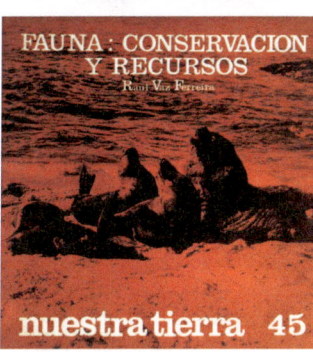

## FAUNA : CONSERVACION
## Y RECURSOS
Raúl Vaz Ferreira

**nuestra tierra 45**

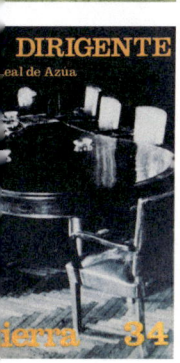

## DIRIGENTE
...eal de Azúa

...ierra **34**

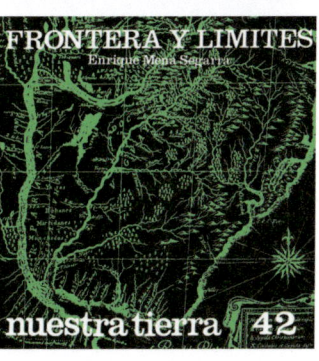

## FRONTERA Y LIMITES
Enrique Mena Segarra

**nuestra tierra 42**

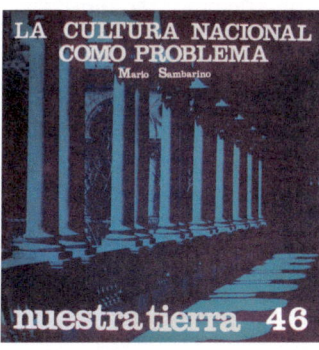

## LA CULTURA NACIONAL
## COMO PROBLEMA
Mario Sambarino

**nuestra tierra 46**

## POLONIO / POLONIO

**What I was trying to do was to present, in this context, an attractive and saleable product. I think that, in a way, I took those photos in exchange for the materials and they weren't the publisher's photos either, because they were mine. [...] The point was to create a fund of photos in which the publishing house found it, in comparative terms, very economical because it supplied film, developed them and in some way I gave the photos to publish them when they were needed.**

Yo lo que intentaba era presentar, en este contexto, un producto atractivo y vendible. Creo que, de alguna forma, esas fotos las saqué a cambio de los materiales y tampoco eran fotos de la editorial, porque eran mías. [...] El asunto era crear un fondo de fotos en el cual la editorial le resultaba, en términos comparativos, muy económico porque abastecía películas, revelados y de alguna forma yo cedía las fotos para publicarlas cuando se precisaran. **FB

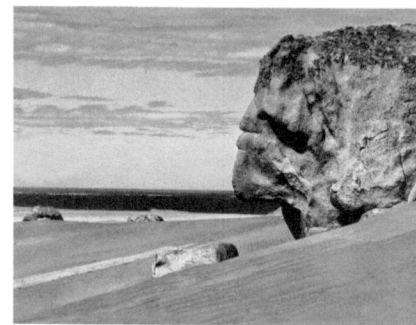

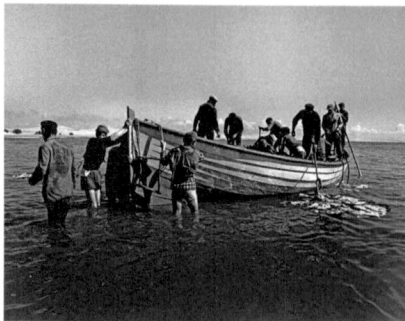

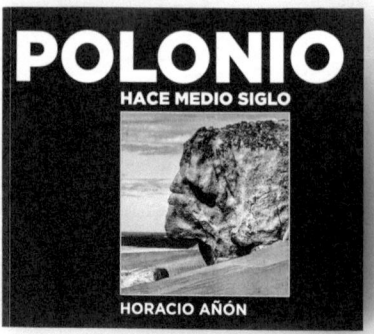

*Cabo Polonio hace medio siglo* · Libro fotográfico digitalizado de los negativos originales de los 70s con paisajes y personajes del departamento de Rocha, donde Horacio pasa tres meses todos los años · 2022

46    Master : Horacio Añón

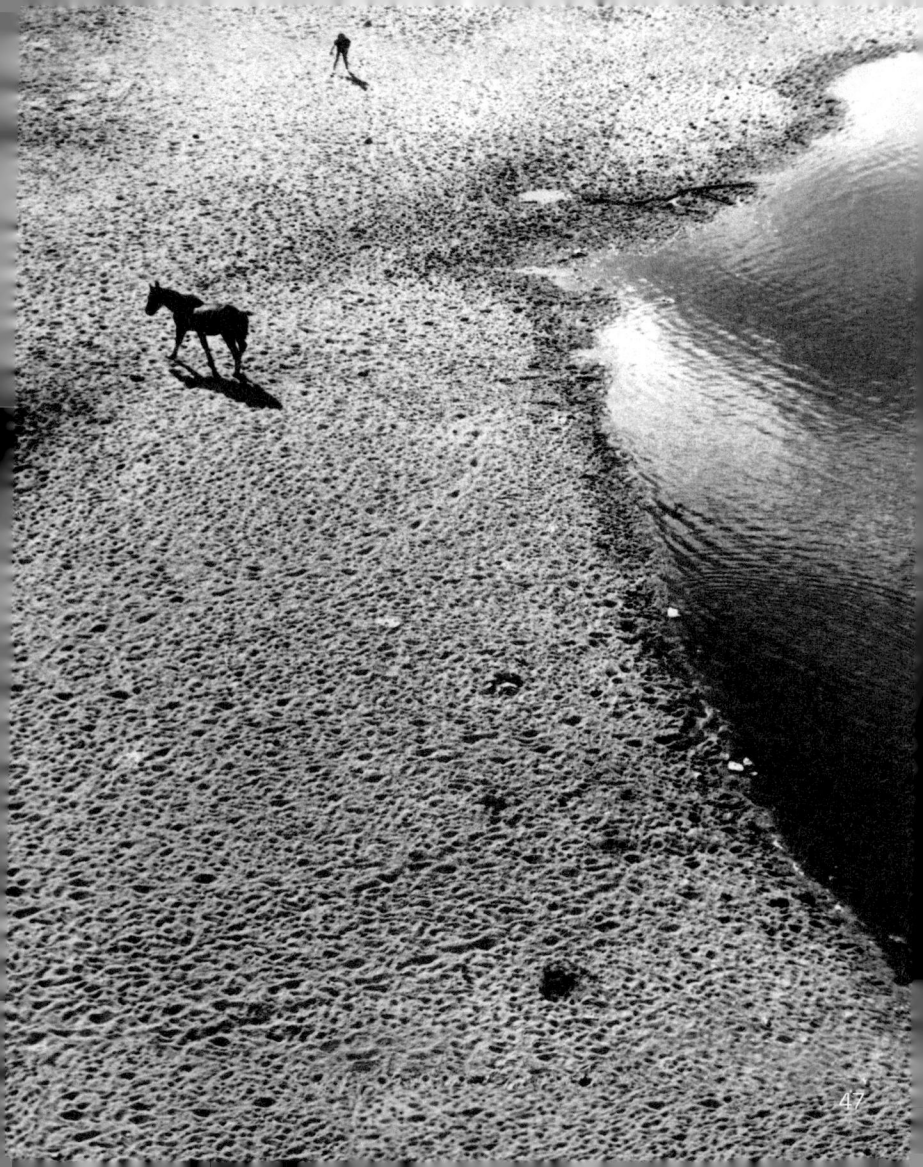

# A CHALLENGE / UN DESAFÍO

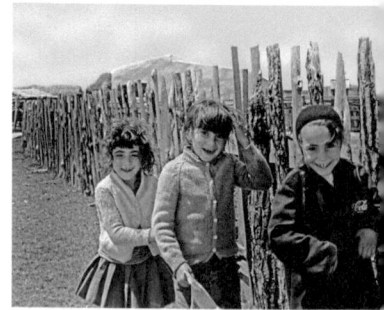

Cabo Polonio [...] is a sought-after and dreamed-of place to spend a few days of rest, on ocean beaches. Without the comfort of electricity and running water, you gain in contact with the most primitive nature. This book of photos by Horacio Añón shows us another Polonio, the one he discovered more than half a century ago, when he came to photograph the eastern area for work. [...] In January 1969 it was a fishing village and a place where the wolves were slaughtered. Añón's book of photographs is a valuable historical testimony of that Cabo Polonio of wild landscapes, work and singular characters that we discover through beautiful images.

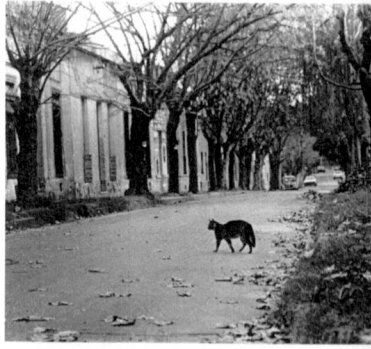

El Cabo Polonio [...] es un lugar buscado y soñado para pasar unos días de descanso, en playas oceánicas. Sin el confort de la electricidad y el agua corriente, se gana en contacto con la naturaleza más primitiva. Este libro de fotos de Horacio Añón nos muestra otro Polonio, el que él descubrió hace más de medio siglo, cuando llegó por trabajo, a fotografiar la zona Este. [...] En enero de 1969 era un pueblo de pescadores y un lugar de trabajo de las zafras de matanza de lobos. El libro de fotografías de Añón es un testimonio histórico valioso de aquel Cabo Polonio de paisajes agrestes, trabajo y personajes singulares que descubrimos a través de hermosas imágenes. *CPM

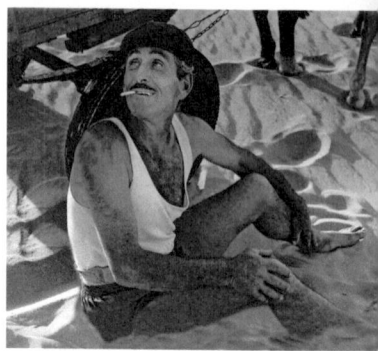

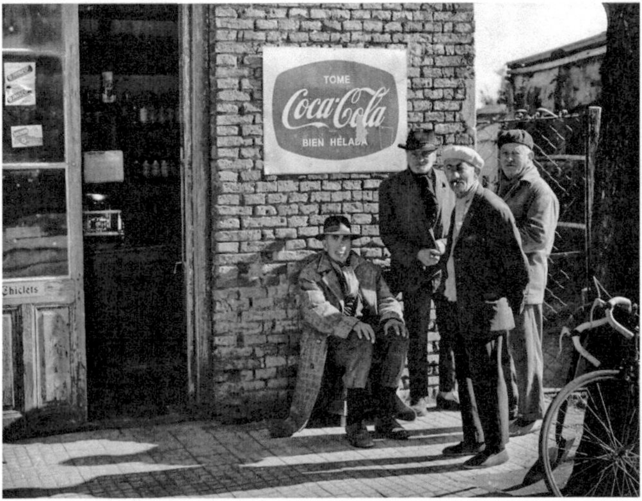
TOME
Coca-Cola
BIEN HELADA
Chiclets

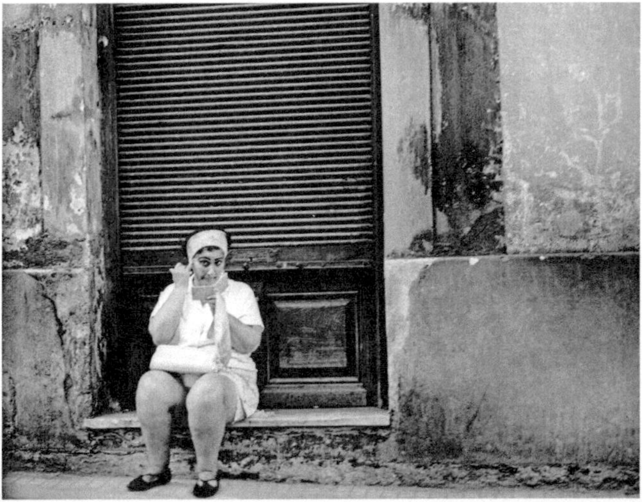

# SHELTER / REFUGIO

Five years later, Añón designed
a small house on the rocks that
was a refuge during the hard
years of the military dictatorship.
He shared it with many friends
who lived the magic of that
Polonio of sunsets, friendships,
walks and long conversations.
As the author says in the
introduction, from then on,
he stopped taking photographs
and dedicated himself to living
Polonio. He still goes there every
year to spend the summer season
and talk with neighbours and
acquaintances.

Cinco años más tarde, Añón
diseñó una pequeña casa sobre
las rocas que fue un refugio en
los años duros de la dictadura
militar. La compartió con muchos
amigos que vivieron la magia
de aquel Polonio de atardeceres,
amistades, caminatas, y largas
conversaciones. Como cuenta el
autor en la introducción, a partir
de entonces, dejó de fotografiar
y se dedicó a vivir el Polonio. Sigue
concurriendo cada año a pasar la
temporada de verano y conversar
con vecinos y conocidos. *CPM

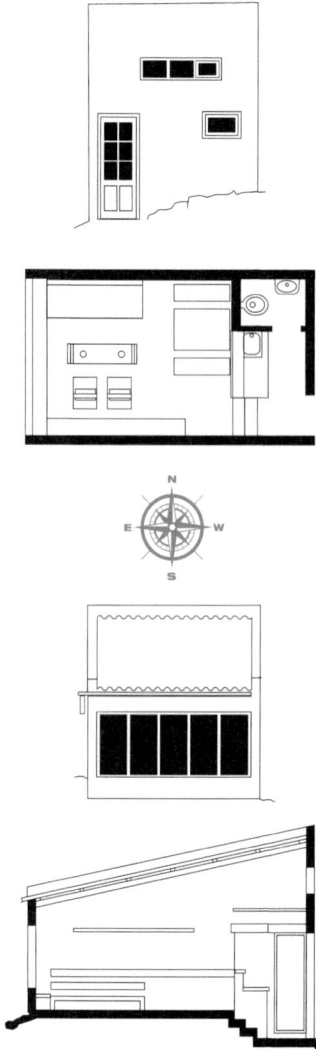

Frente, planta, contrafrente y corte longitudinal de la casa de tres metros por cinco cincuenta situada en Cabo Polonio · 1974

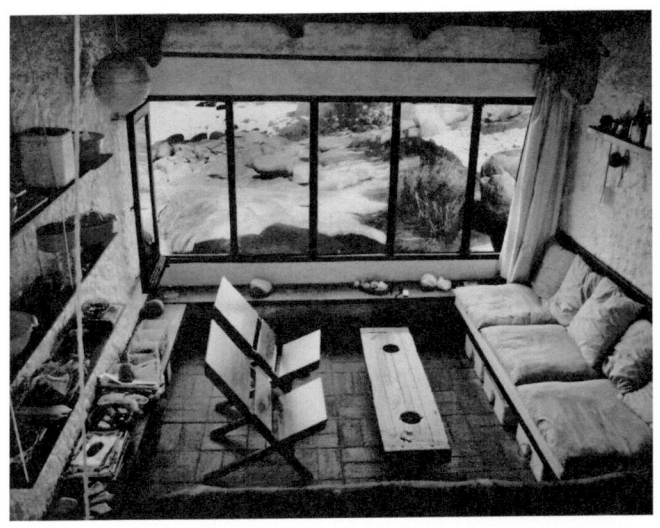

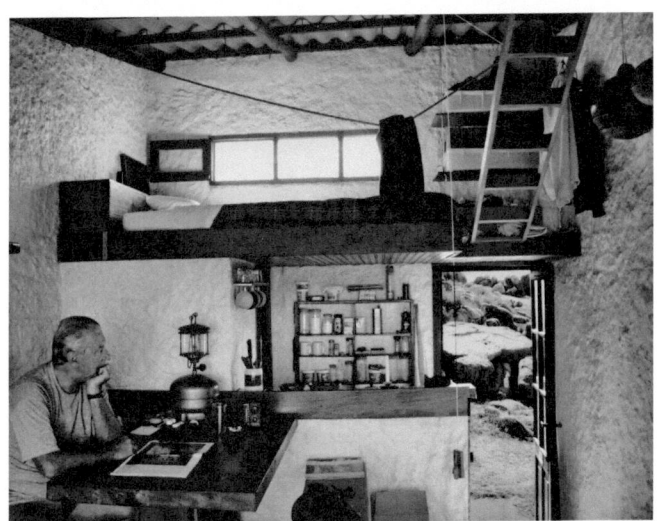

# DIFFICULT / DIFÍCIL

The experience of *Nuestra Tierra* was fruitful and, as if that were not enough, it included the launch, at the same time, of the collection *100 Años de Fútbol*, which had immense popular repercussions: two publications every week on the newsstands. Añón's field of work multiplied: the collections *Los Departamentos* and *Montevideo*, covers for books on sociology, anthropology, history, design of academic magazines, posters, logos. They almost always came to him from the most difficult side, the less 'glamorous' publications in the broad spectrum of graphic design; there were no album covers or many theatre posters.

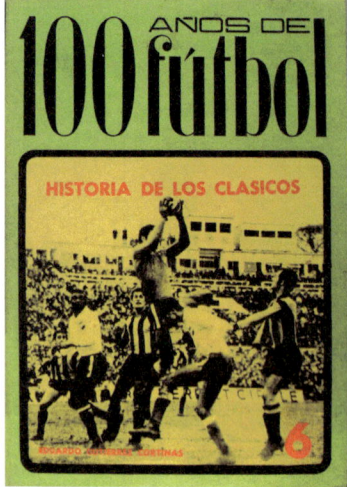

La experiencia de *Nuestra Tierra* fue fructífera y, por si fuera poco, incluyó la salida, al mismo tiempo, de la colección *100 Años de Fútbol*, de inmensa repercusión popular: dos publicaciones todas las semanas en los quioscos. El campo de trabajo de Añón se multiplicó: las colecciones *Los Departamentos* y *Montevideo*, carátulas para libros de sociología, antropología, historia, diseño de revistas académicas, afiches, logotipos. Casi siempre le llegaban por el lado más difícil, el de las publicaciones menos «glamorosas» en el amplio espectro del diseño gráfico; no había carátulas de disco ni muchos afiches teatrales. *RF

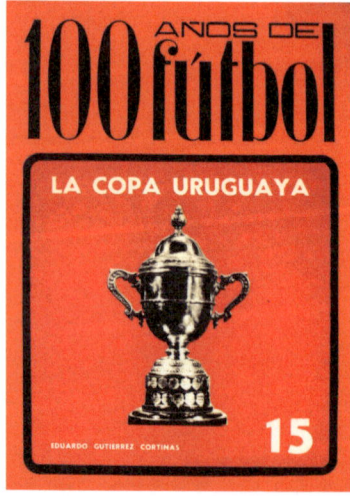

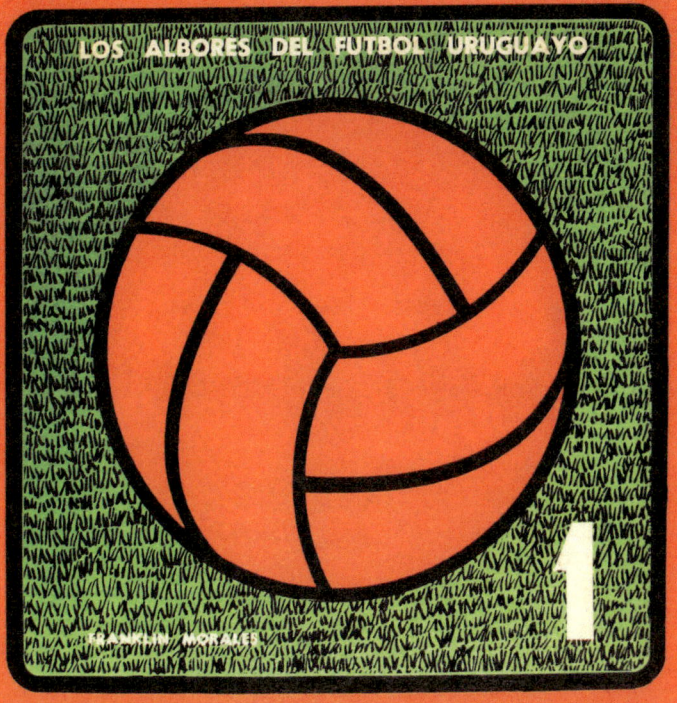

# 100 AÑOS DE fútbol

LOS ALBORES DEL FÚTBOL URUGUAYO

1

Portadas de fascículos · Colección 100 años de fútbol · Editores Reunidos · 1970

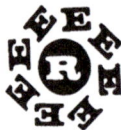

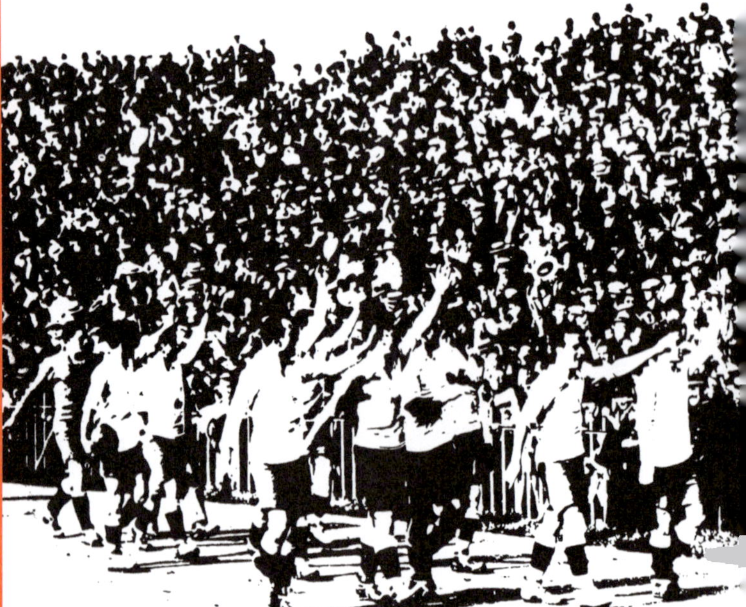

EDITORES REUNIDOS

# 100 AÑOS DE FUTBOL

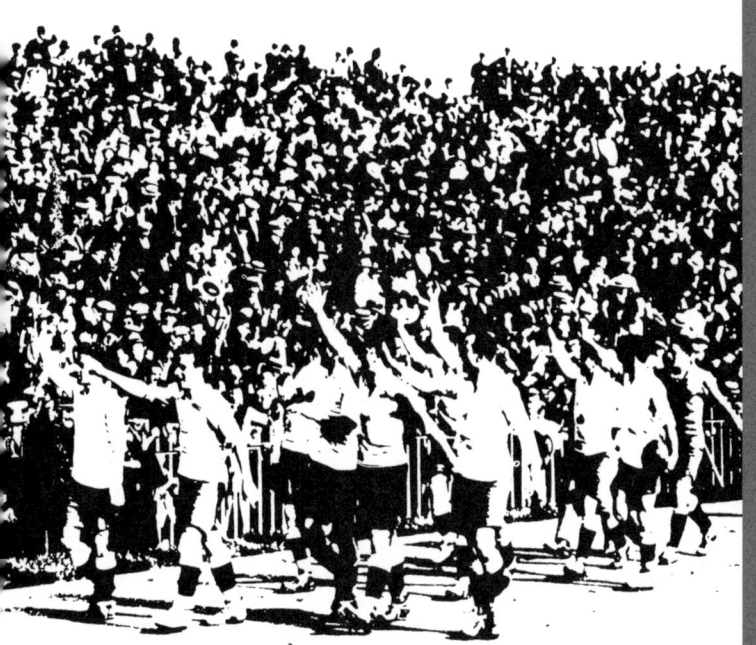

Portada · Colección 100 años de futbol · Editores Reunidos · 1970

**1**

**HISTORIA ILUSTRADA DEL FUTBOL URUGUAYO**

## BE LOCATED / SITUARSE

Uruguay in the late sixties.
A society that was gradually losing its innocence and the belief that we were different, European, cultured and advanced. These certainties were beginning to be confronted with the reality of the progress of misery [...] In this context, a group of prominent Uruguayan intellectuals set themselves the task of drawing up a 'state of affairs' that would cover not only the usual subjects, such as the flora, fauna, geology and geography of the territory, but also—and fundamentally—sociology, economics and cultural anthropology. The year was 1968.

Uruguay a fines de los sesenta. Una sociedad que poco a poco iba perdiendo la inocencia y la creencia de que éramos diferentes, europeos, cultos y avanzados. Estas certezas comenzaban a ser confrontadas con la realidad del progreso de la miseria [...] En ese contexto, un grupo de destacados intelectuales uruguayos se propone la tarea de elaborar un «estado de situación» que abarcara no solamente temas habituales, como la flora, la fauna, la geología y geografía del territorio, sino —y fundamentalmente— la sociología, la economía, la antropología cultural. Corría el año 1968. *RF

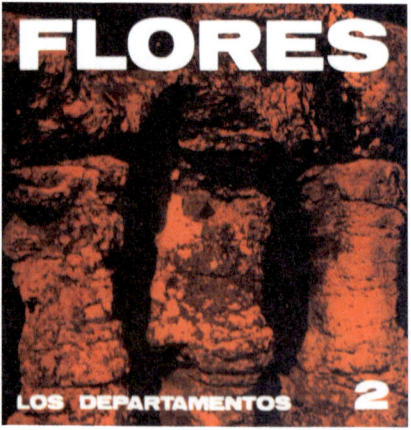

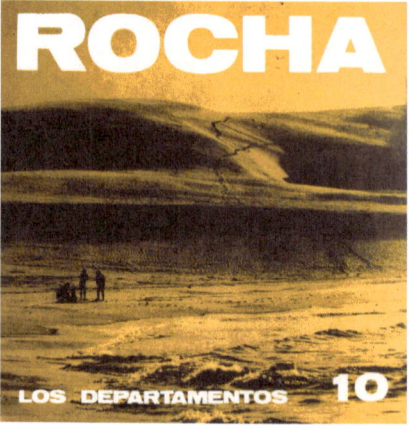

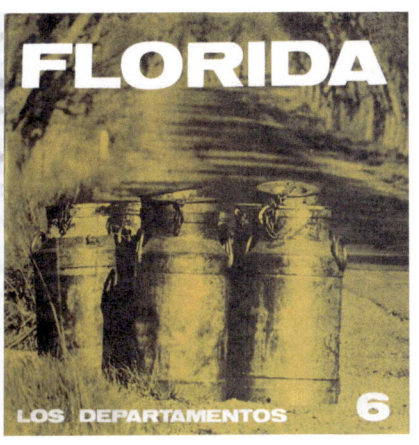

**FLORIDA**

LOS DEPARTAMENTOS · 6

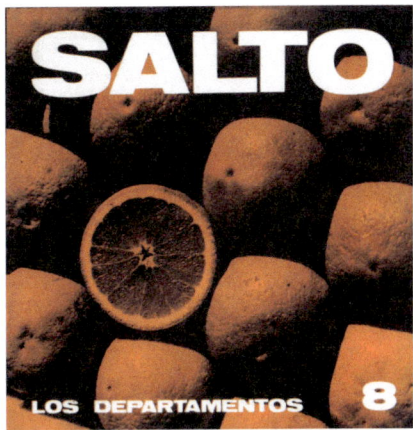

**SALTO**

LOS DEPARTAMENTOS · 8

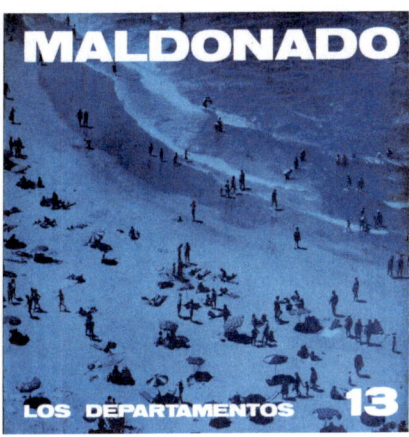

**MALDONADO**

LOS DEPARTAMENTOS · 13

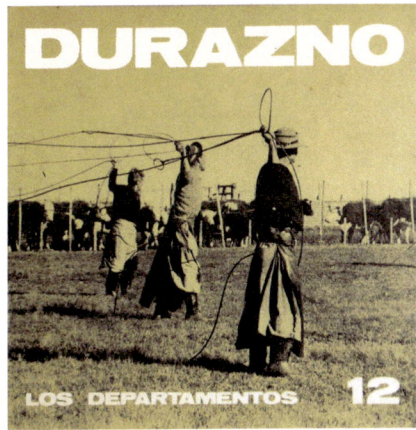

**DURAZNO**

LOS DEPARTAMENTOS · 12

Portadas · Colección de fascículos Los Departamentos · Editorial Nuestra Tierra · 1970

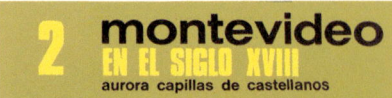

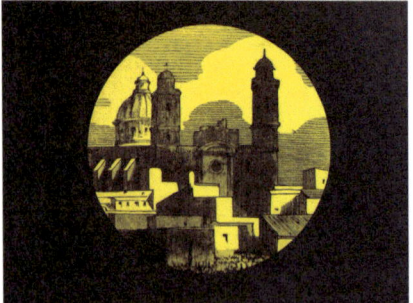

**1 montevideo**
VISTO POR LOS VIAJEROS
aníbal barrios pintos

**2 montevideo**
EN EL SIGLO XVIII
aurora capillas de castellanos

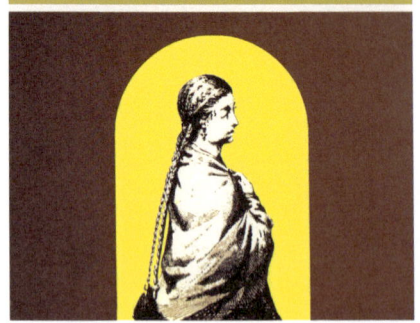

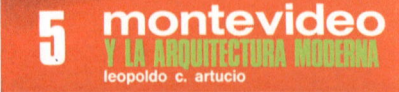

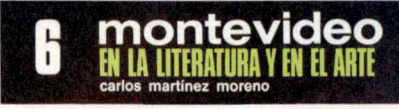

**5 montevideo**
Y LA ARQUITECTURA MODERNA
leopoldo c. artucio

**6 montevideo**
EN LA LITERATURA Y EN EL ARTE
carlos martínez moreno

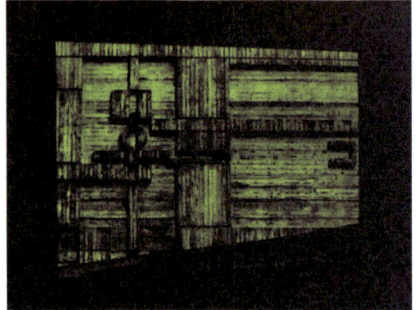

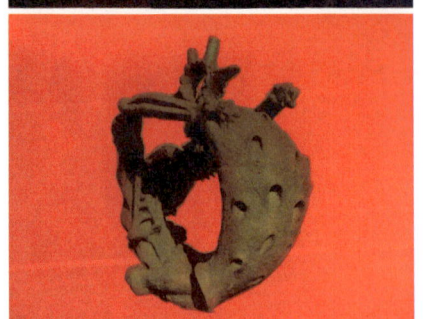

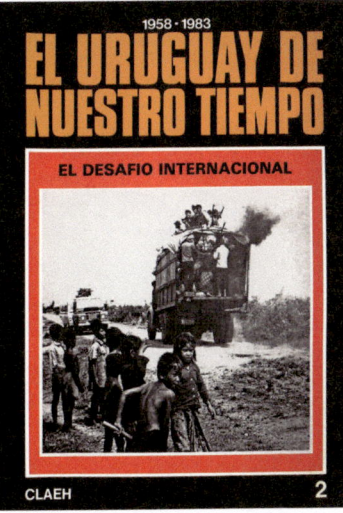

**1958 · 1983**

# EL URUGUAY DE NUESTRO TIEMPO

EL DESAFIO INTERNACIONAL

CLAEH

2

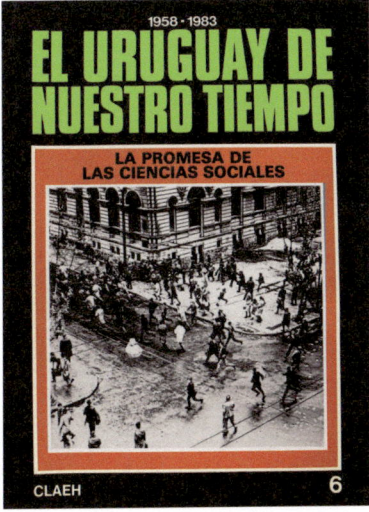

**1958 · 1983**

# EL URUGUAY DE NUESTRO TIEMPO

LA PROMESA DE LAS CIENCIAS SOCIALES

CLAEH

6

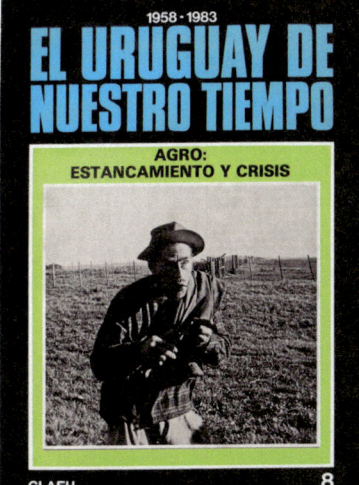

**1958 · 1983**

# EL URUGUAY DE NUESTRO TIEMPO

AGRO: ESTANCAMIENTO Y CRISIS

CLAEH

8

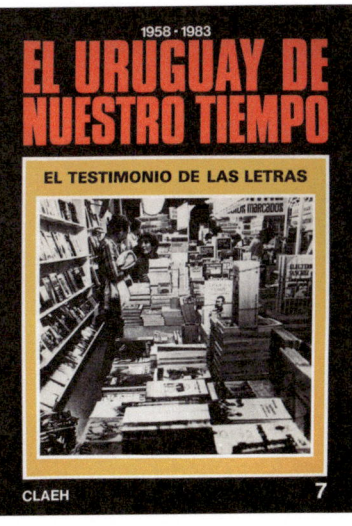

**1958 · 1983**

# EL URUGUAY DE NUESTRO TIEMPO

EL TESTIMONIO DE LAS LETRAS

CLAEH

7

Portadas de fascículos · CLAEH · 1983

# CERTAINTY / CERTEZA

**Horacio Añón is an inescapable vector of our visual culture. And more simply, of our culture, of our forms of encounter, of learning, of recognition and appreciation. I dare to say [...] that it is difficult to find in his work a piece in which the message does not shine through clearly (the Ortega of his youth?), in which the design as a spatial and chromatic arrangement is not radically helpful, humble, accurate.**

Horacio Añón es un vector inesquivable de nuestra cultura visual. Y más llanamente, de nuestra cultura, de nuestras formas de encuentro, de aprendizaje, de reconocimiento y valoración. Me animo a decir [...] que es difícil encontrar en su obra una pieza en la que el mensaje no luzca con claridad (¿la de Ortega de su juventud?), en la que el diseño como disposición espacial y cromática no sea radicalmente servicial, humilde, certero. *JR

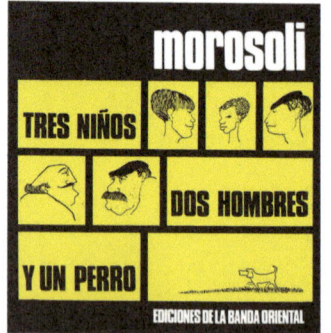

Portada · Ediciones EBO · 1972

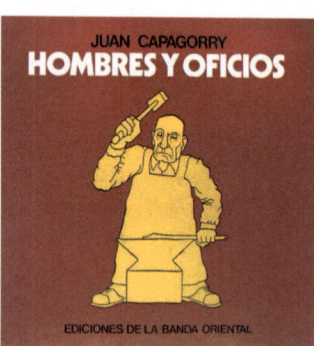

Portada · Ediciones EBO · 1973

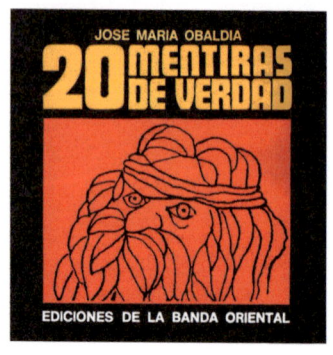

Portada · Ediciones EBO · 1973

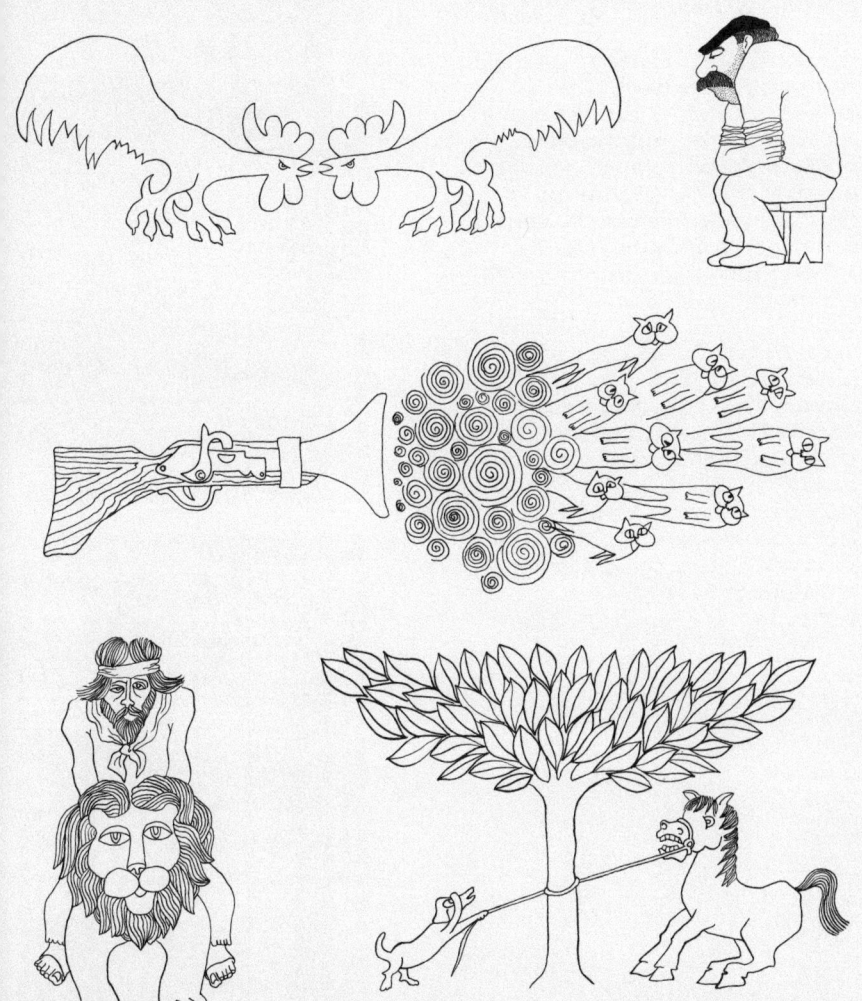

## PROTAGONIST / PROTAGONISTA

I hope I am not mistaken if I postulate
this constructive passion as one
of the keys that vertebrated the
trajectory of the sculptor, builder,
bricklayer, carver, graphic designer,
editor, multiple artist, strolling voyeur,
film buff, reader, conversationalist…
a protagonist of the cultural life
to which Uruguayan historiography
is indebted.

Espero no errar si postulo a esta
pasión constructiva como una de
las claves que vertebraron cuanto
pudieron la trayectoria del escultor,
constructor, albañil, tallador,
diseñador gráfico, editor, artista
múltiple, paseante *voyeur*, cinéfilo,
lector, conversador… protagonista
de la vida cultural con la que
la historiografía uruguaya está
en deuda. *JR

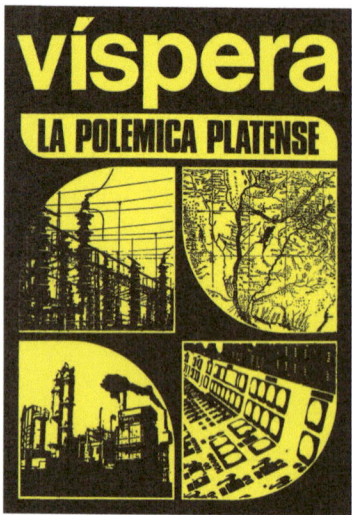

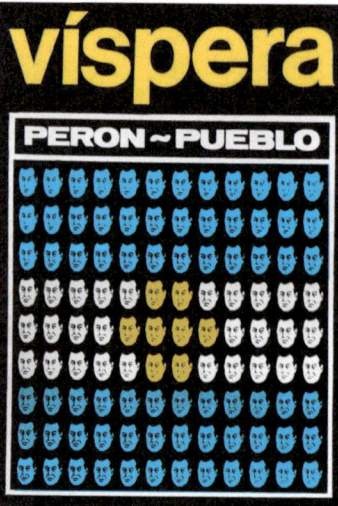

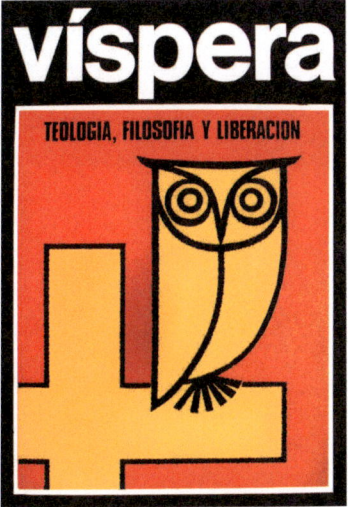

víspera

TEOLOGIA, FILOSOFIA Y LIBERACION

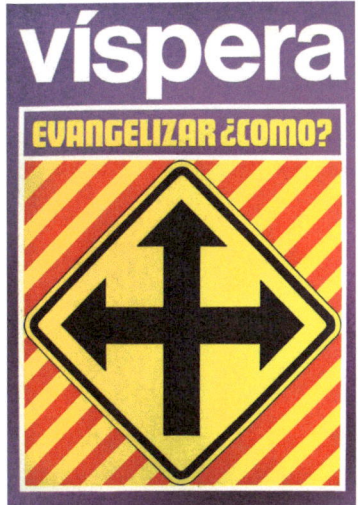

víspera

EVANGELIZAR ¿COMO?

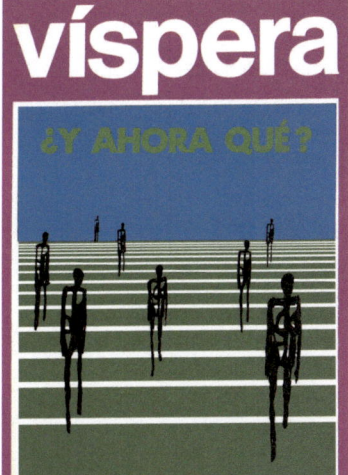

víspera

¿Y AHORA QUÉ?

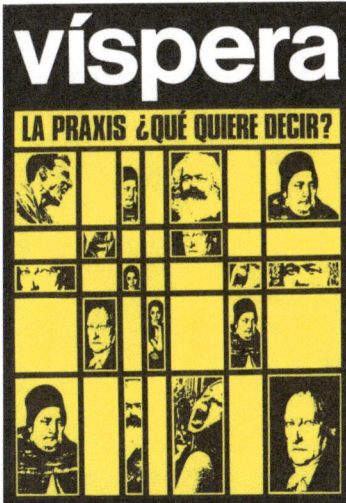

víspera

LA PRAXIS ¿QUÉ QUIERE DECIR?

## REVISTA URUGUAYA DE
# PSICOANALISIS

**AVANCES EN LENGUAJE** *DE LOS DISCURSOS Y EL LENGUAJE ·*
*Carlos y Sélika A. de Mendilaharsu · ADQUISICION Y USO DEL*
*LENGUAJE · Adolfo Elizaincin · EL INCONCIENTE · Daniel Gil ·*
*EL SIGNIFICANTE PSICOANALITICO · Nicos Nicolaidis y François*
*Cunu · REPRESENTACION DE PALABRA Y*
*REPRESENTACION DE COSA · Ricardo Bernardi ·*
*LENGUA Y TERMINOLOGIA FREUDIANAS · M. Silva García*

**57**

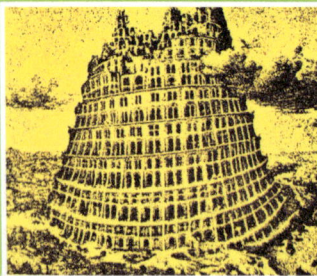

**NUMERO DOBLE    ENGLISH SUPPLEMENT**
Uruguay N$ 15. Otros países US$ 6             Colour pages

## REVISTA URUGUAYA DE
# PSICOANALISIS

**SER ANALISTA HOY** - M. VIÑAR **• NARCISISMO Y REGRESION
PSICOTICA** - H. GARBARINO **• PROTECCION Y DESCONOCI-
MIENTO DELIRANTES** - GOMEZ MANGO **• ACERCA DE LA CARTA
AL PADRE DE KAFKA** - AIDA FERNANDEZ **• LA MASTURBACION
FRENTE AL ESPEJO** - BRADLOW - COEN **• EL PUNTO DE
VISTA ECONOMICO** - PERINOT **• LA PERVERSION** - S.A.
DE MENDILAHARSU - M.F. DE ORTEGA - P.V. DE HOFFNUNG.

**63**

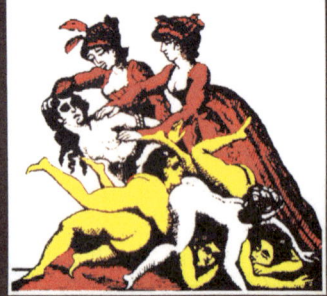

## REVISTA URUGUAYA DE
# PSICOANALISIS

**EL CUERPO** **LA ENFERMEDAD PSICO-SOMATICA**
- WINNICOT **• LUGAR Y ESTATUTO
DEL CUERPO** - GANTHERET **• CUERPO TRANSEXUAL** - BRUM **•
CUERPO EN PSICOANALISIS** - MENDILAHARSU **• SINCRONIAS
Y RITMOS** - BERNARDI **• AGRESIVIDAD Y CUERPO**
- CASAS **• REPRESENTACIONES DE SI** - BERNARDI
**• EL CUERPO EN LOS MITOS** - DANIEL GIL

**61**

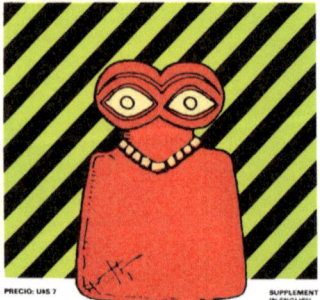

PRECIO: U$S 7                          SUPPLEMENT
IN ENGLISH

## REVISTA URUGUAYA DE
# PSICOANALISIS

**• ENRIQUE PICHON RIVIERE (II) •**
*ALGO SOBRE PICHON RIVIERE · Rodolfo Agorio · "PROCESO
EN ESPIRAL" Y "CAMPO DINAMICO" · Willy Baranger ·
HISTERIA E HIPOCONDRIA · José Bleger · DELIRIO DE
TRANSFERENCIA-Salomón Resnik · EL EDIPO EN LA CLINICA
CON PSICOTICOS · J. E. García Badaracco y E. Zamboraín
ESCENA-FANTASIA Y ESCRITURA TRANSINDIVIDUAL-Pía*

**59**

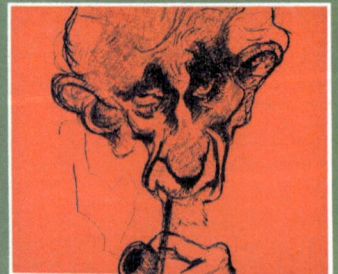

PRECIO: U$S 5              **ENGLISH SUPPLEMENT**
                                     Colour Pages

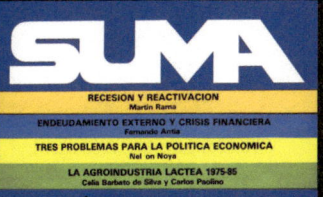

# SUMA

**RECESION Y REACTIVACION**
Martín Rama

**ENDEUDAMIENTO EXTERNO Y CRISIS FINANCIERA**
Fernando Antía

**TRES PROBLEMAS PARA LA POLITICA ECONOMICA**
Nel on Noya

**LA AGROINDUSTRIA LACTEA 1975-85**
Celia Barbato da Silva y Carlos Paolino

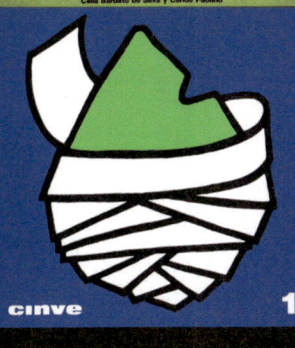

cinve **1**

---

# SUMA

**PERFIL Y PERSPECTIVAS DE LA REACTIVACION RECIENTE**
Nelson Noya

**EXPORTACIONES A ARGENTINA Y BRASIL 1976-1985**
Nora Berretta

**LA FUNDACION DEL BANCO DE LA REPUBLICA**
José Pedro Barrán y Benjamín Nahum

**ESTRUCTURA DE MERCADOS Y COMPORTAMIENTO INDUSTRIAL**
Martín Rama

**¿A QUIEN BENEFICIA EL GASTO PUBLICO SOCIAL?**
Hugo Devrieux

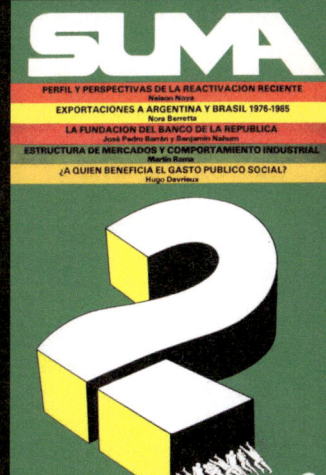

cinve **2**

---

# SUMA

**TRIBUTACION INDIRECTA Y DISTRIBUCION DEL INGRESO**
Marcelo Bisogno y Carlos Grau

**UN NUEVO METODO PARA EVALUAR PROYECTOS PUBLICOS**
Ernesto González Posse

**ORIGENES Y CONSECUENCIAS DEL DEFICIT FISCAL**
Nelson Noya

**EFECTOS DIRECTOS E INDIRECTOS DEL GASTO PUBLICO**
Fanny Trylesinski

**POLITICA TARIFARIA Y PLANIFICACION ENERGETICA**
Hugo Roche

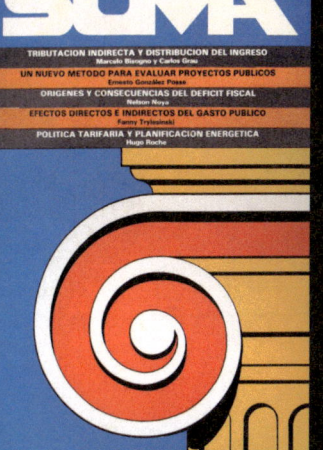

---

# SUMA

**EL ESFUERZO DE LOS EMPLEADOS PUBLICOS**
Martín Rama

**EN DIRECCION A UN PARADIGMA MICRODINAMICO**
Mario Luiz Possas

**CAMBIO TECNICO EN LA AGRICULTURA DE GRANOS**
Roberto Díaz Rossello

**¿POR QUE NO SE CUMPLE LA "LEY DE UN SOLO PRECIO"?**
Fernando Lorenzo

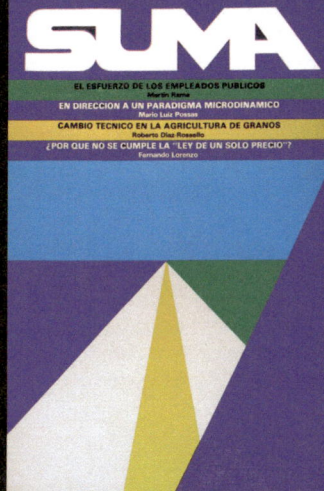

# THE 'CRAFT' / EL «OFICIO»

**The technology available was all 'analogue': lead type generated by the linotype and Ludlow, and even movable type as it had existed four centuries before, coexisted with offset printing. It was in the early days of transferable letters, but stencils, rotogravure, film, opaque and red tape were still in use; the 'trade' required very specific skills, such as knowing how to calculate type using a typometer, having a very fine manual skill for cold assembly, with cobbler's cement and snot, T-rule, square and ratchet, and extreme tidiness in the use of the rapidograph.**

La tecnología disponible era toda «analógica»: convivía la tipografía en plomo generada por la linotipo y la Ludlow e incluso los tipos móviles tal como existían hacía cuatro siglos, con las imprentas *offset*. Se estaba en los comienzos de las letras transferibles, pero todavía se usaban los clisés, el huecograbado, las películas, el opacol y la cinta roja; el «oficio» requería de habilidades muy específicas, como saber calcular tipografía usando un tipómetro, tener una manualidad muy fina para el armado en frío, con cemento de zapatero y moco, regla T, escuadra y trincheta y una prolijidad extrema en el uso del *rapidograph*. *RF

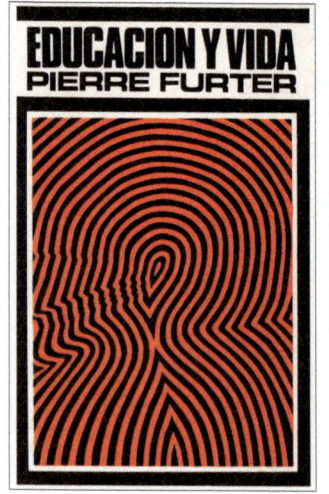

Portada · Editorial Tierra Nueva · 1972

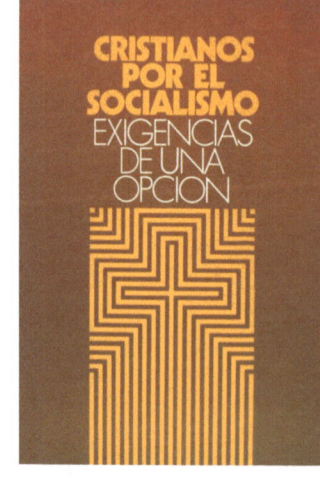

Portada · Editorial Tierra Nueva · 1973

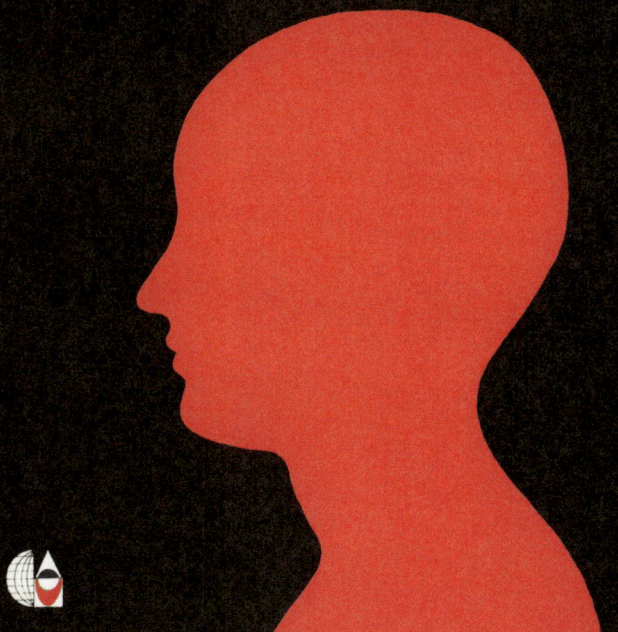

# READ / LEER

Añón read some Greek classics, approached (like a child hugging his mother's knees on an afternoon of anguish over his own death) Unamuno and the tragic feeling of life, Ortega y Gasset, who seduced and reassured him with his order and clarity of exposition, Catholic thought and anarchist discourse. At times of greater maturity and conflict, when it was not so easy to do so, he preferred the reflective, disenchanted and demanding company of Albert Camus—*The Rebel Man*, 1951—to the sharp and irresponsible abysses to which Jean P. Sartre seemed to lead him.

Añón leyó a algunos clásicos griegos, se acercó (como el niño abrazado a las rodillas de su madre una tarde de angustia por la muerte propia) a Unamuno y el sentimiento trágico de la vida, a Ortega y Gasset que lo seducía y tranquilizaba por el orden y la claridad expositiva, al pensamiento católico y al discurrir anarquista. Ya en momentos de mayor madurez y conflicto, cuando no era tan fácil hacerlo prefirió la compañía reflexiva, desengañada y exigente de Albert Camus —*El hombre rebelde*, 1951— antes que los abismos filosos e irresponsables a los que parecía conducir Jean P. Sartre. *JR

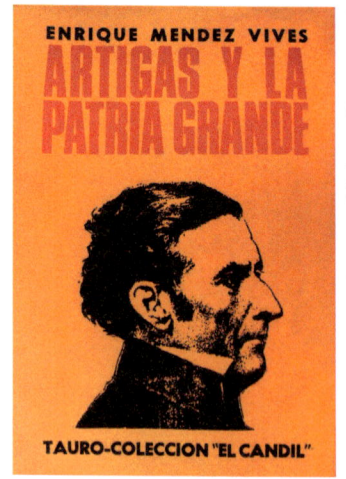

Portada · Ediciones Tauro · 1968

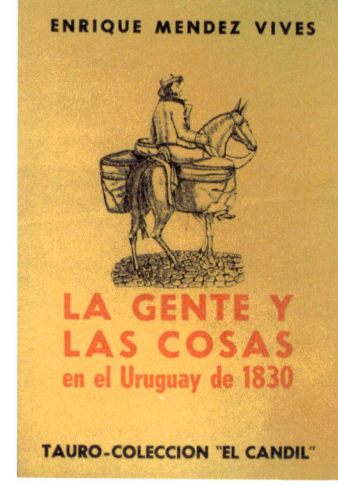

Portada · Ediciones Tauro · 1967

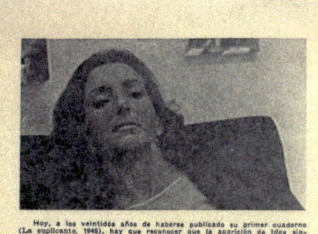

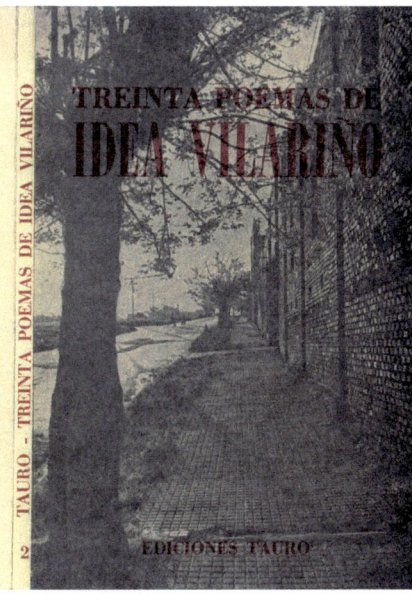

Hoy, a los veintidós años de haberse publicado su primer cuaderno (La suplicante, 1945), hay que reconocer que la aparición de Idea significó un hecho inédito en la poesía uruguaya, no sólo por el soplo renovador que, en materia de ritmo y de lenguaje, casi desde su arranque representó su obra, sino también, y principalmente, por la desolada, sincera, patética visión de mundo que, en versos de buena ley, transmitía esa voz nueva e implacable.

Del aire transparente al aire suelo; de la plenitud, del abandono; de los seres que "se miran con miradas de eterno", al otro ser lacerante, "incomunicado / solo como la muerte en su caja doble". ¿Cómo gozar de la vida cuando a ésta se la ve tan frágil, tan absurdamente frágil, cuando se la ve transcurrir como una aleatoria postergación de la muerte? Para conjurar tal sordidez, tal fatalidad, este poeta no halla más inermes que otros. Carece de ese nítido paño de lágrimas que se llama Dios. No obstante, posee un impulso, un sucedáneo de poder: quiere dar testimonio de una sombría visión, de su infierno particular, de su buceo en la conciencia, de su legítima y condenada aspiración a una lejana, borrosa felicidad. En gesto exigente y autocrítico, Idea ha querido despojar su poesía de todo lo superfluo, de toda palabra canjeable, de toda emoción parásita. Se ha quedado con la esencia de sus torturas, de sus nostalgias, de su cruenta franqueza, de su más solitaria soledad.

Curiosamente (y éste quizá sea el rasgo más difícil de reconocer en una poesía tan tensa, tan rigurosa), en el cimiento espiritual de ese ser que niega, que rechaza, que sufre, que no olvida, ha existido una última esencia de amor, guardada como un fondo de reserva, como una extrema justificación de la existencia. Cuando la espera culmina, cuando al amor adviene, las palabras imitan la felicidad, pero el ser íntimo, el reducto de la verdad, sabe que el amor es una abundancia transitoria durante la cual no es posible ahorrar para el inseguro futuro. Esa inclemente perspectiva, esa condena a cumplir, ese futuro cerrado, no impiden sin embargo la plenitud del amor: más bien la intensifican, la dramatizan. Es una plenitud a corto plazo, siempre amenazada, pero con ella construye Idea algunos poemas, en los cuales lo erótico, lo romántico, o hasta lo puerilmente doméstico del amor, se inscribe en una legítima capacidad de comunicación.

En el curso de su obra poética, Idea ha tratado de desbaratar las apariencias, ha querido siempre alcanzar la motivación más profunda de los seres y de las cosas. Esta rigurosa selección de treinta poemas, habilitará sin duda al lector para tener una válida cabal de sus trayectoria, cumplida en el más alto nivel de la poesía uruguaya.

MARIO BENEDETTI

FOTO DE CARÁTULA: DINA P. DE DEL CASTILLO

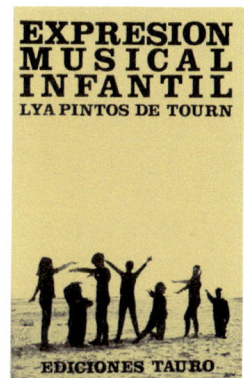

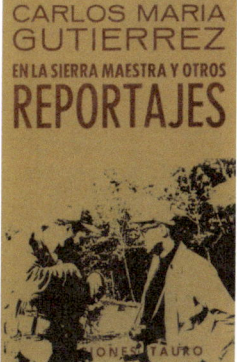

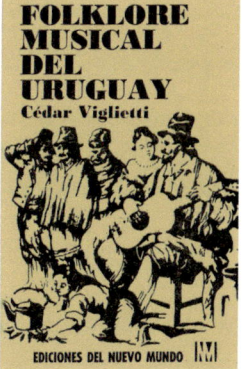

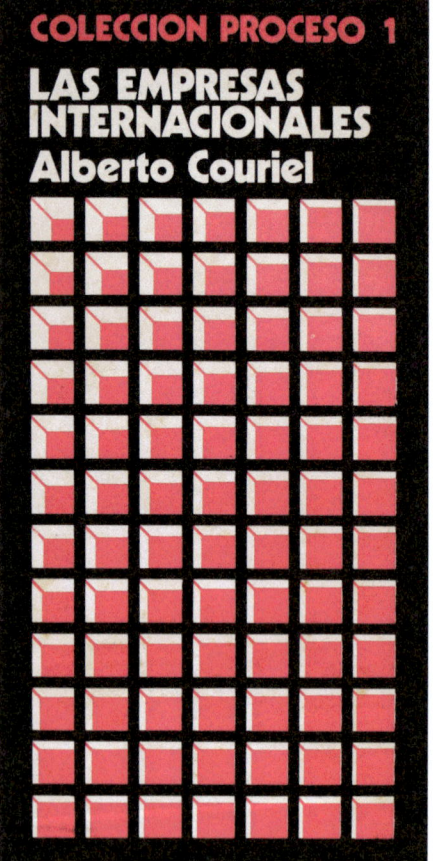

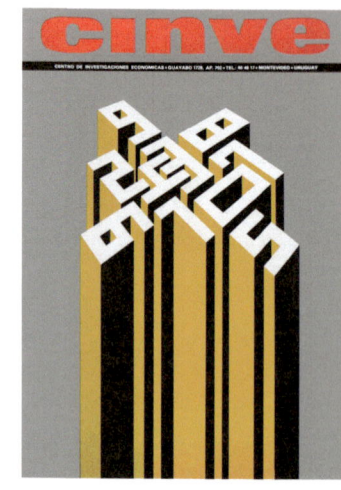

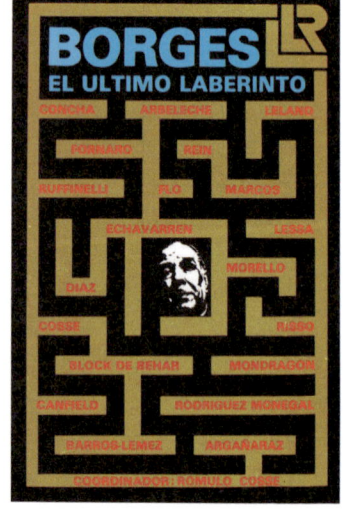

Afiche · CINVE · 1987

Portada · Editorial Tierra Nueva · 1974

Portada · Editorial Linardi y Risso · 1987

Master : Horacio Añón

ALICIA MELGAR · EDDA PEGUERO · CESAR LAVAGNINO

# EL COMERCIO EXPORTADOR DEL URUGUAY
## 1962 · 1968
### TOMO I

INSTITUTO DE ECONOMIA - FACULTAD DE CIENCIAS ECONOMICAS Y DE ADMINISTRACION

Portada · Departamento de Publicaciones Universidad de la República · 1972

# HAND-BRAIN / MANO-CEREBRO

It was also part of the craft to foresee the final result (which was never in sight until it came out of the printing press), anticipating it in every sense, conceptually and practically. Those were the times of the 'sketch', that is to say, the drawing that reflected - as far as possible—the expected result. There were no computers, no monitors, no internet, no Google or anything else that the idea of 'graphic design' has implied since the end of the 20th century and in this 21st century.

También era parte del oficio prever el resultado final (que jamás estaba a la vista hasta que salía de la imprenta), anticipándose en todo sentido, conceptual y prácticamente. Eran los tiempos del «boceto», es decir, del dibujo donde se reflejaba — hasta donde era posible— el resultado esperado. No había computadoras, ni monitores, ni internet, ni Google ni nada de lo que supone la idea de «diseño gráfico» desde fines del siglo xx y en este siglo xxi. *RF

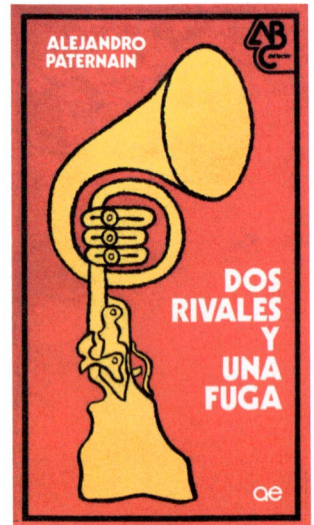

Portada · Editorial Acali · 1979

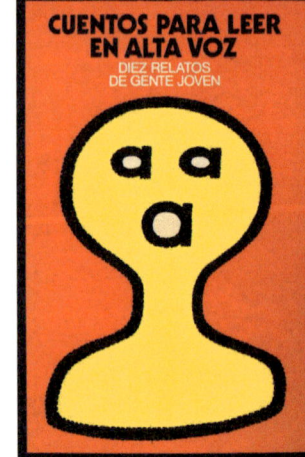

Portada · Editorial Radio Carve · 1978

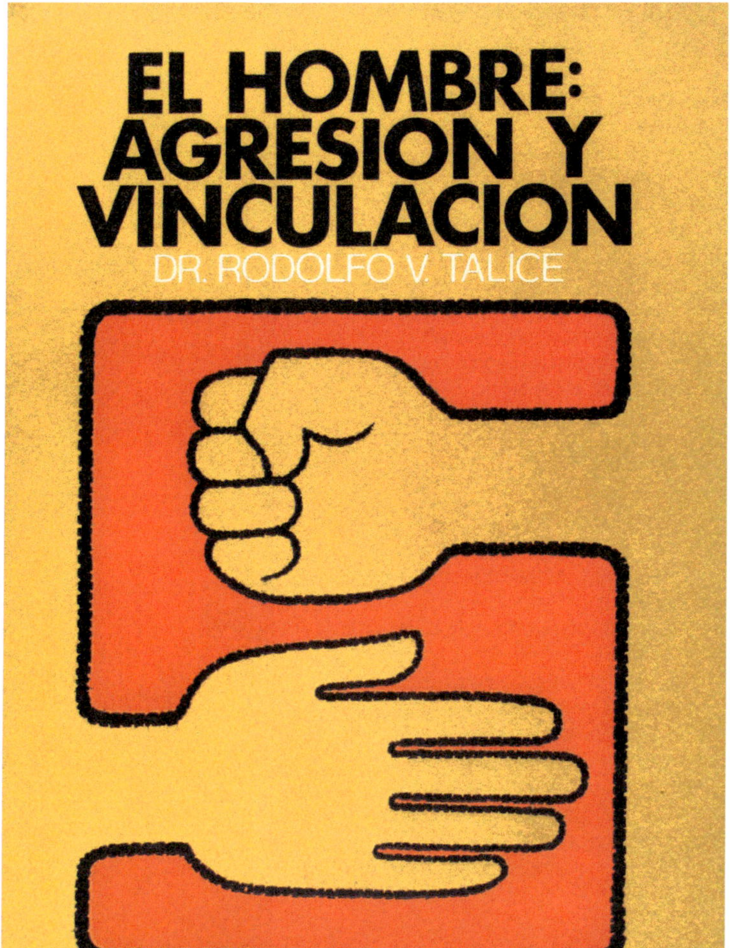

# EL HOMBRE: AGRESION Y VINCULACION

## DR. RODOLFO V. TALICE

EDICIONES PAPACITO

Portada · Editorial Papacito · 1976

# SHORTAGE / ESCASEZ

**Accustomed to the endemic shortage of typefaces on the Uruguayan market in those years, he adopted a limited but very effective palette, giving importance to the play of sizes rather than the variety of typefaces. His dull oranges and reds, his dry greens and earth colours, the rhythms of images that are repeated to become another image, the texts, where the typography is clear, powerful and never poses problems of legibility, are shaping, work after work, a very recognisable and above all very influential visual repertoire.**

Acostumbrado a la escasez endémica de fuentes tipográficas en el mercado uruguayo de esos años, adoptó una paleta limitada pero muy efectiva, dando importancia a los juegos de tamaños más que a la variedad de tipos. Sus naranjas y rojos mates, sus verdes secos y colores tierra, los ritmos de imágenes que se repiten para ser otra imagen, los textos, donde la tipografía es clara, potente y no plantea jamás problemas de legibilidad, van conformando, trabajo tras trabajo, un repertorio visual muy reconocible y sobre todo muy influyente. *RF

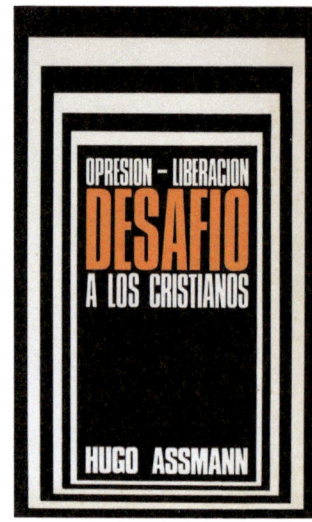

Portada · Editorial Tierra Nueva · 1971

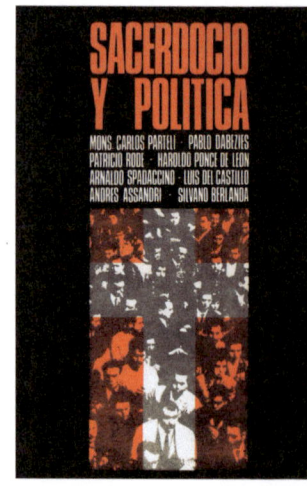

Portada · Centro Nacional de Medios de Comunicación Social · 1971